物語で学ぶ
対人援助職場の人間関係

自己覚知から成長へ

植田寿之 著

創元社

物語で学ぶ 対人援助職場の人間関係 ＊ 目次

はじめに 9
主な登場人物 12
プロローグ 14

第一話 中堅と新人の感情のもつれ 27

利用者に対して、大学で学んだ対人援助技術とはかけ離れたかかわりをする江藤に釈然としない本沢。本沢が、詰め所でさりげなく江藤に疑問点を話すと、それを横で聞いていた小柴主任が江藤に注意をする。注意をされた江藤は、主任が去ったあと本沢を責める。二人の不穏な空気について、リーダーの柳田から相談を受けた小柴は、個別に両者の話を聴いた。

●問題解決に向けて……草加准教授による解説 39
●第一話のポイント……あなたの職場はいかがですか？ 46

第二話 若い職員への呆れ 47

島田の利用者など年長者への乱暴な言葉づかいがどうしても許せない須藤。島田に注意はするが、いっこうに改善はない。須藤は、ユニットリーダーの柳田に相談する。しかし、気弱なところがある柳田は、積極的に動かない。若い職員への呆れと軽蔑の感情が高まり、須藤の意欲が低下する。小柴は、須藤の話を聴くが、柳田がリーダーとしての役割を果たす必要を感じ、柳田が実現可能なことを提案した。

●問題解決に向けて……草加准教授による解説 57
●第二話のポイント……あなたの職場はいかがですか？ 62

第三話　専門性の違い　63

体調を崩している利用者の入浴の件で、柳田から相談を受けた小柴主任。柳田をはじめ介護職たちは、体調がいくぶんましな今日は入浴をさせてあげたい。利用者もそれを望んでいる。しかし、看護師の宮本は頑としてそれを認めない。感情もつれはじめた。そこで、小柴が介入し、介護職と宮本との調整をした。

●問題解決に向けて……草加准教授による解説　72
●第三話のポイント……あなたの職場はいかがですか？　77

第四話　会議での言い争い　78

司会をしていたリーダーの柳田と江藤が口論をはじめる。日頃控えめな柳田としては珍しく感情をあらわにしている。先輩たちの口論を目の当たりにし、本沢と島田は黙ってうつむいているしかなかった。もはや、柳田は司会者として機能していない。そこで、小柴が主任として調整に入った。

●問題解決に向けて……草加准教授による解説　91
●第四話のポイント……あなたの職場はいかがですか？　95

第五話　管理職同士のトラブル　96

怪我で長期間休んでいた谷口課長が復帰。谷口課長は、自分がいない間に全職員に課題を出した森本施設長に激怒する。両者とも感情的になっていたが、小柴が間に入った。森本施設長から出された課題は、小柴にとっては納得のいくものであったが、谷口の指摘も改善しなければいけないものである。小柴は、両者が冷静に話し合うために提案をした。

●問題解決に向けて……草加准教授による解説　106
●第五話のポイント……あなたの職場はいかがですか？　111

第六話　よい風潮づくり　112

小柴と柳田が、職場復帰した谷口課長に相談にやってきた。情報を共有すると、過去に経験した人間関係が現在の人間関係に影響していることがわかった。そこで、小柴は、近い将来、職員同士の人間関係をよくしていくためにも、お互いに話をよく聴こうとする姿勢を、課長、主任、リーダーの三人が率先して実践していこうと提案した。

●問題解決に向けて……草加准教授による解説　121
●第六話のポイント……あなたの職場はいかがですか？　127

第七話　劣等感の克服　128

須藤と宮本が自分の陰口を叩いているのを偶然聞いてしまった島田。いつも元気に愛嬌を振りまく島田は精神的に落ち込んだ。利用者も心配するほどであった。そこで、リーダーとして柳田が話を聴くことにした。柳田は、日頃、小柴が話を聴いてくれるように島田の話を聴いた。打ち解けた二人は、お互いに自己覚知が深まった。その結果、島田は元気を取りもどし、柳田もリーダーとして自信を深めた。

●問題解決に向けて……草加准教授による解説　137
●第七話のポイント……あなたの職場はいかがですか？　142

第八話　無意識のうちの支え合い　143

江藤は、ユニットが柳田を中心にまとまってきたことで、孤独感を感じた。江藤は、新人の頃、先輩たちのいじめから守ってくれた谷口に話を聴いてもらい、元気を取りもどした。一方、谷口は、江藤の話を聴くことでコツをつかめたような気がした。そして、親子ほども年の違う江藤に支えられているような気がした。

●問題解決に向けて……草加准教授による解説　150
●第八話のポイント……あなたの職場はいかがですか？　158

第九話　取りもどした関係　159

江藤は、谷口課長の進言により、柳田に間に入ってもらい、長期にわたり関係が崩れていた本沢と話し合いをすることになった。江藤は、谷口に定期的に相談に乗ってもらうことで、素直になれた。そして、ようやく本沢に謝ることができた。それをきっかけに、二人は打ち解けた。また、職員同士も話を聴き合うことの大切さを知った。

●問題解決に向けて……草加准教授による解説　169
●第九話のポイント……あなたの職場はいかがですか？　173

第一〇話　自己覚知　174

森本施設長が課した課題の報告会が行われた。柳田と本沢が、「対人援助職の自己覚知」について研究報告をした。その後、利用者の死から、人間の生死という重い命題にかかわる心の痛みを予感した本沢が感想を言った。最後に、森本施設長が、自己覚知は、相手が利用者であれ、職員であれ、良好な人間関係につながること、自己覚知によって、心の奥深いところで痛みを感じることがあるので、職員同士が支え合うことの大切さを確認した。

●問題解決に向けて……草加准教授による解説　184
●第一〇話のポイント…あなたの職場はいかがですか？　190

エピローグ　191
おわりに　202
参考文献　205

はじめに

誰でも気持ちよく仕事をしたいものです。みながそう願っているにもかかわらず、なかなか思うようにいかない。同じ目的をもって仕事をしているはずなのに、どうしてこんなに歯車がかみ合わないのか。日々起こる職員同士のトラブルにうんざりします。

対人援助は、人の人生、生や死と深くかかわる仕事だけに、心の奥深いところでの交流を避けることができません。それは、利用者やその家族といった当事者との関係のみならず、職員同士の関係においても同じことが言えます。それぞれの職員の感情や価値観が交差し、歯車が合わなくなりやすい仕事なのです。

本書では、N園という特別養護老人ホームで起こるさまざまな職員同士のトラブルを取り上げました。トラブルは起こるもの。だから解決する必要があるのです。キーワードは、「聴くこと」と「自己覚知」。この二つのキーワードが、当事者へのかかわりに不可欠であることは、対人援助職であればみな、すでに知っていることかもしれません。多くの専門書でその必要性が説かれています。学校や大学、あるいは研修会で、対人援助について専門的な勉強をすれば、必ず見たり聞いたりする言葉です。

本書では、この言葉を、職員同士の関係にも当てはめてみました。当事者との関係は、当然仕事の関係であると意識している対人援助職の方は多いでしょう。しかし、職員同士の関係が仕事の関係であると、日頃から意識している方はどれくらいおられるでしょうか。職員同士の関係も、「目的をもって意図的につくる関係」であるならば、仕事の関係なのです。

対人援助の職場では、職員同士の関係が、個々の職員と個々の当事者との援助関係に、大きな影響を及ぼすことは、以前から知られています。それならば、職員同士の関係も仕事の関係だと意識し、よいものにしていきたいものです。

この物語は、N園三階のフロア主任、小柴礼子さんが、スーパーバイザー養成研修を受講するところからはじまります。対人援助における「スーパービジョン」とは、対人援助の職場で、スーパーバイザーによって行われる援助者を養成する過程のことを指しています。スーパービジョンでいう「養成」には、多くの意味が含まれています。まず、支えるということを前提にしながら育てること、また、相手は個々の職員とは限らず、職員集団や組織に対して働きかけることもあります。小柴さんは、その担い手であるスーパーバイザーとして実力をつけるため、研修を受講しました。研修で学んだことを活かし、トラブルの解決を試みます。

本書では、小柴さんを中心に、トラブルの渦中にいる職員の話を聴き、自己覚知を促し、よい人間関係を築く。それが、やがては個々の職員の成長のみならず、職員集団や組織の成長へとつながっていく。その過程を物語として記してみました。

物語の舞台は、特別養護老人ホームというお年寄りの介護職場ですが、内容は、あらゆる対人援助職場に共通するものです。読者ご自身の職場や一緒に働く仲間との関係と照らし合わせながら、読んでください。

本書が、すべての対人援助職の方々にとって、「聴くこと」や「自己覚知」の再認識から、その具体的な方法、そして、職員同士のトラブル解決のみならず、成長へのヒントをつかむ一助となれば幸いです。

なお、この物語は、全国社会福祉協議会が刊行している『ふれあいケア』で、私が、二〇一一年五月号（第一七巻第五号）から二〇一二年四月号（第一八巻第四号）まで連載した「誌上ロールプレイング　職場のあなたの物語」をもとに大幅増補・加筆して展開しています。

主な登場人物

小柴礼子《こしばれいこ》（三三歳）

フロア主任　大学を卒業し、N園に就職した。N園が増設された二年前にフロア主任になる。スーパーバイザー養成研修を受講しながら、後進の育成や職場のよい環境づくりに日々奮闘している。

本沢奈都子《もとざわなつこ》（二二歳）

新人の介護職員　大学を卒業し、この春、N園に就職した。大学では、援助関係について深く学んだ。感情移入しやすいが、その性格をうまく活かし、よい援助関係を築こうと頑張っている。

島田省吾《しまだしょうご》（二一歳）

二年目の介護職員　専門学校を卒業し、N園に就職した。少々言葉づかいが乱暴で、周囲の誤解を招くことがあるが、親しみやすい性格で利用者には人気がある。

江藤直美《えとうなおみ》（二五歳）

五年目の介護職員　専門学校を卒業し、N園に就職した。人に迷惑をかけることが大嫌い。少々ヒステリックなところがあるが、仕事に対しては、前向きで努力家である。

柳《やなぎ》田《だ》啓《けい》介《すけ》（二八歳）

六年目の介護職員　ユニットリーダー　大学を卒業し、N園に就職した。少々気弱なところがあるが、冷静で思慮深くまじめであるため、昨年ユニットリーダーに抜擢された。

須《す》藤《どう》公《きみ》子《こ》（四八歳）

パート職員　一〇年ほどホームヘルパーをしていた。N園が増設された二年前から遅出専門のパート職員をしている。迅速で丁寧な仕事ぶりは、ほかの職員に一目置かれている。律儀な性格である。

宮《みや》本《もと》香《か》江《え》（四二歳）

看護師　以前は、救命救急センターに勤務していた。優秀な看護師である。家庭の事情により、変則勤務の緩やかなN園に就職した。

谷《たに》口《ぐち》和《かず》代《よ》（五八歳）

介護支援課長　N園が創設された二一年前から勤務している。N園の沿革を知り尽くしている。強いリーダーシップを発揮し、何かにつけ影響力が大きい。

森《みや》本《もと》良《よし》也《や》（五二歳）

施設長　長年、病院でソーシャルワーカーをしていた。五年前、前施設長が退職するにあたり、法人より強く依頼され、施設長を引き受けた。温和な人柄である。

草《くさ》加《か》慎《しん》二《じ》（四五歳）

K大学准教授　対人援助、およびスーパービジョンを専門としている。本沢奈都子の学生時代のゼミの先生。小柴礼子が受講しているスーパーバイザー養成研修の講師でもある。

プロローグ

スーパーバイザー養成研修の受講者は総勢一五名だった。一五名ということで席はスクール形式ではなく、講師や受講者がお互いに向き合う小さな口の字型であった。

最初に主催者である福祉人材研修センター所長からお決まりの挨拶があった。続いて、担当者から、簡単な挨拶と研修中の注意事項について説明があり、講師であるK大学の草加慎二准教授が紹介された。草加は、男性としては小柄だし細身だった。緊張感からなのであろう、ぎこちない笑顔は、「少々頼りないが気のいいおじさん」という印象だった。しかし、草加が話し出したとたん、小柴礼子は目を見張った。

(このオーラは何?)

「今、担当の方からご紹介いただいた草加慎二です。昨年度からこの研修の講師を務めさせていただき、今年で二年目です。つまり、みなさんは、この研修の二期生ということです。みなさん、お互いに顔を見てください……どんな感じですか？ 先ほどから、みなさんの緊張された表情を見ていますと、私も身が引き締まりました。というか、緊張しました。でもまあ、最初ぐらいはお互い緊張しないといけませんね」

ぎこちない笑顔はみるみる本物の笑顔になり、たちまち受講者たちを草加の世界へと引き込んでいった。

「簡単に自己紹介しておきます。私は、今は大学で先生をしていますが、その前は、一三年間、身体障害者の施設で介護や相談の仕事をしていました。一〇年ほど前でしたが、私がまだ福祉の現場にいる頃、今回と同じ福祉人材研修センター主催のスーパービジョン研修を、確か二年間だったと思いますが、すごく長期にわたる研修を受けたんです。そのときちょうど『社会福祉士』を取得するために、通信教育も受けている真っ最中でして、専門職として勉強する必要性を強く感じていたときでした。立場も、ちょうど今のみなさんと同じような立場、つまり、スーパービジョンをしなければいけない立場でした。

私が受けたスーパービジョン研修の講師は、現在S女子大学の立石先生っていうんですけど、その先生の研修の進め方や私たち受講者への働きかけが、私の研修の進め方や受講者へのかかわりのモデルになっています。つまり、私は教えてもらったように教え、かかわってもらったようにかかわっているということです。

そこで、私自身のこうした体験からヒントを得て、この研修を行うにあたって仮説を立てました。それは、この研修でみなさんがよいスーパービジョンを体験すれば、それがそのままみなさんの職場でのスーパービジョン実践に活きてくるというものです。以前から私自身感じていたことなんですが、それをこの研修の仮説として立て、実証できたらと思っています。

この研修で、誰がみなさんのスーパービジョンをするかといいますと、私自身ももちろんするわけですが、みなさんがお互いにスーパービジョンをし合う、そういう体験をしていただきたいと思っています。私はその仕掛け人です。半年間という長期にわたる研修です。途中、うまくいかなくて悩む時期もあると思います。でも、お互いに支え合い、育て合うことができるようにこの研修を進めていきたいと思っていますので、どうぞご安心ください」

（この先生がついていったら大丈夫だ）

草加の世界に引き込まれた小柴は、次第に安心を得ていった。周囲を見渡すと、つい先ほどまで緊張で怖そうな顔をしていた受講者たちは、もう何回も一緒に研修を受けた仲間であるかのような安心した表情をしていた。

「それじゃ、長い研修の最初ですので、お互いを知るために自己紹介をしましょう。所属と名前と、あと仕事のことでもプライベートでも何でも結構ですのでお話しいただいて、みなさんに自分を知ってもらってください。ただし、一人あたり二分以内。時間オーバーしたら『チン』ですよ」

草加のタイムキーパーがベルを押すような仕草は、受講者たちの笑いを誘った。

一人ひとりが自己紹介をした。草加は「プライベートでもいい」と言っていたが、草加の挨拶で少し固い雰囲気が解けたとはいえ、さすがにプライベートを話す受講者はいなかった。それぞれの職場の現状やこの研修に参加することになった動機を話す者が大半だった。研修を受講する経緯は二分された。自ら手を上げて所属長に受講を申し出た人と上司の命令で来た人である。小柴は上司からの命令で受講したクチである。自ら所属長に申し出た人がまぶしく見えた。

小柴も職場の現状を話した。そして、研修への意気込みを強調した。上司からの命令で受講したクチとはいうものの、小柴自身、この研修に並々ならぬ関心と意欲をもっていたからである。

自己紹介が終わると、さっそく草加の講義がはじまった。「スーパービジョンを実践するための基礎理論」についてである。たとえ話をふんだんに盛り込んだ草加の話は実にわかりやすい。話を聞いていると、まるで自分が講義の中の情景にすっぽり入っているかのように思えた。

「なぜスーパービジョンが必要なのか」の部分で、草加は、ストレスを溜め込み、やがて心や体に支障をきたす、そして燃え尽きて職場を去っていく人たちがいかに多いかについて、実体験や教え子の事例を交えながら詳しく話してくれた。小柴自身にも思い当たるところがたくさんあり、つらかった時期を思い出した。また、今まで辞めていったたくさんの同僚一人ひとりの顔が脳裏をよぎった。これだけでは小柴はつらくなるだけなのだが、草加の話は、それを思い出させるだけではなく、「だからスーパービジョンをきっちりとやって、燃え尽きを防がないといけないんだ」と強く決意させてくれた。

特に、対人援助は、相手が人であるだけにストレスは多い。しかし、草加によると、仕事の相手が人だというところからくるストレスよりも、いろいろな人たちと一緒に仕事をしているというところからくるストレスのほうが深刻だという。専門性の違いや立場の違い、また性格や価値観の違いがある。そうした違いから人はストレスを感じる。

対人援助の職場というのは、小柴のような福祉職と、医師や看護師などの医療職が一緒に仕事をしている。福祉職と医療職というと、今まで勉強してきたことがまったく違うわけで、同じものを見ても見え方や捉え方が違う。そんなことは、よく考えれば当たり前のことだ。しかし、一緒に仕事をしているとお互いに腹立たしく感じることもある。小柴にも思い当たることがあった。

立場の違いもそうだ。小柴は、実は施設長や介護支援課長に対しても嫌な思いをすることがあった。「施設長や課長は管理的なことばかり言って、全然現場のことをわかろうとしてくれない」そう感じることがたびたびあった。しかし、小柴と施設長や課長は立場が違うのだ。立場が違うから当然ものの見方が違う。これも当たり前だ。

草加の話を聞いていると、看護師や施設長、介護支援課長に優しくなれるような気がしてきた。専門性の違いや立場の違いは尊重しなければいけない。認め合わないといけないのである。

(当たり前のことだけど忘れていたなあ)

小柴はそう思った。

しかし、性格や価値観の違いからくるストレスはもっと深刻だという。性格や価値観というのは、それぞれの人生から生まれる。抱えている人生によって違ってくる。

両親がどのようなことをどのようにしつけてくれたのか、どんな友だちに出会ってきたのか、どんな先生に出会ってきたのか、どんなところで暮らしてきたのか、どんな集団に属していたのか、どんな立場だったのか、どんなことに興味をもってきたのか、どんな勉強をしてきたのか、どんな仕事をしてきたのか……そんなことによって、みな価値観が違う。

それぞれ違う価値観が、それぞれの人の目に色メガネとなって覆いかぶさっている。ある人は青いメガネをかけているし、ある人は赤いメガネをかけている。青いメガネの人が黄色い事実を見ると、青みがかった黄色に見える。赤いメガネの人が黄色い事実を見ると赤みがかった黄色に見える。同じものを見ていても見え方が違う。草加のたとえはわかりやすい。

しかし、「人」というものは、つい自分の見え方が正しいと思ってしまう。お互いに自分が正しいと思うことを主張し相容れないものだから衝突が起こる。草加によると、性格や価値観の違いから起こるお互いのストレスは、人が燃え尽きてしまう最も深刻な原因だという。

(なるほどなあ……)

小柴は、自分の人生を振り返りながら納得した。小柴には、学生時代、「生理的に嫌」とまで感じた男子学生がいた。食堂で落とした箸を洗いもせず平気で使う。空き教室の机の上に足をのせて昼寝をしている。演習クラスで同じになり、話し合いをすると、ことごとく小柴の意見に言いがかりをつける。こちらは近寄ってほしくないから、わざと冷たい態度を取っているのに、よけいニヤニヤしながら近寄ってくる。

性格や価値観の違いなど意識したことがなかったが、今思い起こしてみると、いろいろな違いがあったように思う。違いを感じるたびに嫌な気持ちだけが沸き上がり、「違いがある」こと自体は意識に上らなかったのだ。

そんなことを思い出していると、小柴は、今まで無意識のうちに違いのある人たちを排除していたことに気づいた。しかし、同じ大学に通う同級生なら、嫌と感じたら避けることはできるが、同じ職場にいる人たちを露骨に避けることなどできない。

（就職して一一年、今までどうしていたのだろう）

小柴は、就職してから今までの人間関係を振り返ってみた。

小柴が、最も「なるほど」と思ったのが、「職員同士の人間関係が、職員と利用者との援助関係に影響を及ぼす」ということだった。二つの関係は連鎖している。職員の人間関係が悪いと、自ずと援助関係も悪くなる。よいと自ずとよくなる。

小柴にも思い当たることはたくさんあった。先輩に突き放されて、「いったいどうしたらいいの……」と孤独を感じながら仕事をしていると、知らない間に利用者を突き放していた。自分自身、「受容される」ことがどんな感覚だったか忘れてしまうのだ。逆に、先輩にしっかり気持ちをわかってもらえると、「私は利用者さんの気持ちをわかろうとしていなかった」ことに気づく。そして、先輩にわかろうとしてもらったように利用者の気持ちをわかろうとするようになる。日常的にいくらでもこういった連鎖は起こっている。

草加によると、こういった連鎖は、職員同士、世代を超えても起こるという。つまり、先輩や上司に育ててもらったように、後輩や部下を育てるというものである。母親が子どもを育てるときに、その子育てのモデルになるのが自分の育てられ方だという説明はわかりやすかった。

（ひょっとしたら、江藤さんが本沢さんにつらく当たっているように見えるのは、江藤さんが新人の頃の育てられ方に問題があったのでは……）

小柴には、思い当たることがあった。

草加は、職員同士の人間関係の話の最後に、「自己覚知」の大切さに触れた。「自己覚知」とは、相手に対する自分の感情に気づいて、その感情をコントロールしながら相手を理解しようとすることだという。よい人間関係をつくるためには、相手を理解しないといけない。相手を理解するということは、相手を認めるということである。違いのある相手を認めようとすると、自分の感情や価値観を脇に置かなければならない。そのためには、自分の感情や価値観に気づかなければならない。たいへん難しいことだが、プロの対人援助職であるならば、目指してほしいと草加は締めくくった。

（なるほど、相手を理解するのは私自身なんだから、私自身を理解しなければいけないのは当たり前だ）

スーパーバイザー養成研修は、五日間、半年かけて行う。最初の二回は二日連続だが、その後は、二か月置きに行われる。したがって最終日は半年後の年末ということになる。

初日と二日目を終えて、小柴は考えた。

（自分の立場と力量で何ができるだろうか……）

小柴は、フロア主任として、三つの方向性を考えた。まずは、個々の職員を育てることである。特に、新人である本沢奈都子は、たぐいまれな素質をもっているように小柴は感じているが、まだまだ若い。社会経験も少ない。感受性が豊かなのは、対人援助職として非常に重要だが、ともすれば 相手にのめり込みやすい。だからこそ、うまく育てたい。うまく育てると、数年後には、他の職員を引っ張ってくれる存在になる。そう感じた。

二つめには、フロアの職員集団を集団として強く育てることである。決して職員間のコミュニケーションがうまくいっているとは言えない。江藤直美と本沢奈都子の間に流れるぎこちない空気に象徴される。ユニットリーダーの柳田啓介には、それとなく配慮するように言ってあるが、柳田自身、少々気弱なところがあり、介入できずにいる。そうした柳田もリーダーとして育てなければいけない。そのほかにも、ベテラン職員と若い職員の意識の違い、仲のいい職員同士の馴れ合い、いじめとまではいかないが、気に入らない職員の排除も見られる。それぞれの職員に葛藤がみられ、何かをきっかけに大噴火を起こすかもしれない。それを防ぐためにも職員間のコミュニケーションを豊かにし、よい相乗作用を起こさなければならない。

三つめには、小柴が把握したフロアの職員の様子を記録にして、森本施設長やもうすぐ職場復帰する谷口課長に報告するとともに、どのように取り組んでいくのか、その具体的な方法をそのつど示しておく。できれば、施設長からの命令という形で取り組めるように施設長に働きかける。施設長の命令で行うということは、組織としてのバックアップがあるということだ。組織としてのバックアップがあるということは、組織全体の取り組みになる。

小柴礼子は、フロア主任として具体的にやるべきことが見えて、意気揚々と帰路についた。

＊

特別養護老人ホームN園は、二一年前に建てられた。もともと五〇床だったが、二年前に増床された。新館の二階と三階はそれぞれ二つのユニット、合わせて四つのユニットがあり、それぞれ一二人、合わせて四八人のお年寄りが暮らしている。ほかには、何らかの事情で家族が世話できないときに、一時的に暮らしの場を提供するショートステイが一〇床ある。一階は、日帰りでレクリエーションや趣味を楽しんだり、入浴できるデイサービスセンターになっている。

新館を建設する際に旧館も改装された。二階と三階はクロスを張り替えただけだが、一階には、地域のお年寄りの暮らしを支えるケアプランセンターとヘルパーステーションが拡張して設置された。

新館と旧館との玄関は向き合っており、温泉街を思わせる風情がある。間には、一〇台分ほどの駐車スペースがある。その向こうは市が管理する公園になっていて、一周二〇〇メートルほどの池へと降りていく斜面と畔には、毎年春になると五〇本ほどの桜が咲き誇る。この池は、N園で暮らすお年寄りがよく散歩をしていることから、地元では「ご長寿池」と呼ばれていた。

小柴は、まだ真新しい新館の三階でフロア主任をしていた。二日目の研修を終えて、いったん施設にもどった。施設を利用するお年寄りたちは、夕食を食べているところだった。肉じゃがにほうれん草のおひたし、みそ汁、ご飯、それに果物がメニューだった。自分の部屋で食べている人もいるが、ほとんどの利用者は、リビング兼ダイニングで食べることにしている。

三階は、二階に比べると、比較的身の回りのことは自分でできる利用者が多い。とはいっても、半数近くは、脳卒中の後遺症で片麻痺である。そのうちほとんどの人は、日常的に車椅子を利用している。片麻痺とは、右手と右足、または左手と左足の麻痺ということである。着替えや食事、トイレでは、片麻痺の人のほとんどが若干の介助を要する。入浴については、危険ということもあって、全員について何らかの介助をしている。軽度の認知症の人もいるが、全体的にコミュニケーションは取りやすい。

新館は全室個室である。各部屋にトイレと洗面所も設置してある。ビジネスホテルのシングルルームよりも広く、若干のゆとりの空間もある。持ち込める品は、原則として、部屋のタンスやロッカーに入る程度ということなので、物があふれた煩雑な部屋はない。

各ユニットにはキッチンが設置してある。遅れて食べる人のために、厨房から運ばれてきた給食を温め直したり、余暇を利用した菓子づくりもできる。

リビング兼ダイニングもユニットごとにある。食卓、キッチン以外にゆったり座れる応接セットと三七インチの大型テレビがある。

小柴は、食事中の利用者と勤務中の職員に声をかけ、施設長室を訪れた。

「ただいま帰りました」

森本良也施設長は、資料の整理をしているところだった。

「研修はいかがでしたか？」

「行く前は不安でしたが、講師の先生がとても気さくで、話がわかりやすくて、その影響だと思うんですけど、ほかの受講者ともすっかり馴染んでしまいました」

「それはよかった。草加先生は、本沢さんの大学の先生でね。彼女の就職が決まったとき、あいさつに来られましたよ」

「あいさつに来られてたんですか。それは知りませんでした。本沢さんの先生だということは、彼女から聞いて知っていましたが……」

「それで、研修の内容はどうでしたか？」

「はい、スーパービジョンの必要性が身にしみてわかりました。私がやるべきことも見えてきました。また、改めて施設長には報告いたします」

「楽しみにしていますよ。私も、小柴さんが研修を受けはじめたらやろうと思っていたことがありましてね。近いうちにあなたに相談しますから、そのときはよろしくお願いします」

「そうなんですか。わかりました。また聞かせてください」

小柴は、「何だろうなあ」と思いながら、詰め所で記録のチェックをし、N園を出た。

木々の緑が次第に濃くなり、あたりの空気は湿り気を帯びている。薄暗くなった「ご長寿池」の畔のベンチには、早く夕食をすませた利用者が二人、寄ってくる虫を追い払うかのように、手を扇いでいた。もうすぐ梅雨入りが宣言されるのだろう。

第一話　中堅と新人の感情のもつれ

うっとうしい空模様が続いている。とりわけ今年はよく降る。今日も生い茂った桜の葉から、重そうなしずくが無数に飛び散っている。洗濯物の乾きが悪く、洗濯室では乾燥機がフル回転していた。この季節は、例年、半乾きの洗濯物が置き去りにされていることがよくあり、洗濯室のチェックは、職員の大切な仕事の一つになっていた。

「片岡綾乃さんは、どうして家に帰りたいって毎日のようにおっしゃるんですか？」

片岡さんの記録を読んでいた本沢奈都子は、恐る恐る隣に座っていた江藤直美に聞いてみた。本沢は二二歳。この春、大学を卒業し、N園に介護職として就職した。江藤は二五歳。専門学校を卒業して就職し五年目である。本沢は、就職して数日後からずっと、江藤の態度が冷たく感じ、ビクビクしていた。

「たぶん、ご主人の仏壇があるからじゃないかなあ。一度、片岡さんに話を聞いてみたらいいけど、ご主人のことはすごくよく覚えておられて、いつも涙を流しながら、ご主人の話をしてらっしゃるよ」

本沢は、穏やかな口調で返事が返ってきたのでホッとした。

「そうなんですか……認知症って書いてあるけど、よく覚えておられるんですね」

「昔のことはよく覚えてらっしゃるなあ。今朝何を食べたかとか、ついさっきのことはすぐに忘れてしまわれるけどね」

「でも、毎日電話があったら、息子さん大変ですねえ」

「そう、大変みたい。でも息子さん、優しい人で、愚痴は絶対におっしゃらないの。お母さんを説得して施設に入れたから、罪の意識を感じておられるんじゃないかな」

片岡綾乃さんは、八五歳。戦争が終わってまもなく戦地から引き揚げてきた夫と結婚した。病気がちだった夫は三年後に死亡し、女手一つで一人息子の長男を育てたという。農業だけでは生計が立てられず、近所の飲食店で六五歳まで働いていた。

長男の嫁と折り合いが悪く、長男夫婦とは別居状態であった。しかし、長男は、苦労しながらも自分を育ててくれた母親に対する愛情が深く、毎日のように会社からの帰り道に実家を訪れていた。二年ほど前から、軽い認知症の症状が出だした。物忘れ、買い物に出かけた際に迷子になるなどが目立つようになった。長男の強い説得で嫌がっていた本人も折れ、N園に入所することになった。片岡さんは、一貫して長男夫婦とは暮らさないと言っていたという。

長男の嫁が面会にくることは滅多にないが、長男は週に二〜三回、生まれたばかりのひ孫を抱いた孫夫婦が、二週間に一回ぐらい面会にやってくる。片岡さんは、長男の面会があった日でも、夜になると毎日のように「家に帰りたい」と長男に電話している。

「片岡さんの息子さん、優しい方ですね」

片岡さんの背中を洗いながら、本沢は話しかけた。

「あの子は一人息子でね。あの子が生まれる前に父親が亡くなったから、父親の顔も知らないんだけど、優しい子に育ってくれたわ」

「片岡さんが、いっぱい愛情を注がれたからなんでしょうね」

「愛情も何も……戦争が終わったところで、お金も物もない時代でしょ。ろくに食べるものも食べさせてあげられなくって……私も食べてないからお乳が出なかったしね、ビービー泣き叫んでたあの子を抱きしめることしかできなかったのよ。毎日毎日、私も泣きながら『ごめんね。ごめんね』って言ってたわ」

感情移入をしやすい本沢は、自然に涙が湧いて出てきた。

本沢は、食べ物がなくてひもじい思いをしたことなど一度もない。そんな状況を想像したこともない。テレビで貧しい国の状況がよく放映されているが、客観的に見るばかりで、我が身に置き換えたこともなかった。

「ご主人が早くに亡くなって、ずいぶん苦労されたんですね」

「そりゃもう、苦労なんてもんじゃなかったわ。お金がないから何も買えないし、まあ、お金があっても買えるものは少なかったけどね……草の根っことか、芋のつるとか、食べられそうなものは何でも食べたわ。海があったら魚でも食べられたのだろうけど、ここは海がないでしょ……もう生きるのに必死……でもね、あの子が生まれてくれたおかげで、生きないといけないって思えてね。頑張ったよ」

「そうなんですか……息子さんと一緒に、ずいぶん頑張ってこられたんですね」

「そう、息子と一緒にホントに頑張った……」

片岡さんは、浴室の窓のほうを眺めていたが、涙ぐんでいるように見えた。

片岡さんは、軽い認知症だが、昔のことは本当によく覚えている。江藤が言ったとおりだ。

「ところで片岡さん、ご主人の仏壇のお世話は息子さんがされてるんですか？」

「ちゃんと毎日私がしてますよ」

「そうですか、片岡さんがされてるんですね……」

(今は毎日できるはずがない。きっと、施設に入る前のことをおっしゃってるんだ)

そう思いながらも、本沢は否定しなかった。

「片岡さん、また紙オムツを洗濯したのね！」

本沢が片岡さんの部屋の前を通りかかると、江藤の甲高い声が聞こえてきた。

「汚れたから洗ったのよ……」

「この間、ちゃんと説明したじゃないですか。これは汚れたら捨てるものだって。捨てておきますよ！」

本沢には、片岡さんの顔がとても悲しそうに見えた。

「片岡さんは、紙オムツを洗濯されるんですね」

職員詰め所にもどった本沢は、江藤に尋ねた。

「そうなのよ、だんだん認知症がひどくなってるみたい。説明したときは『わかりました』っておっしゃるんだけど、すぐに忘れるんでしょうね……」

「片岡さん、江藤さんに叱られてとても悲しい顔をされてました」

「あら、江藤さん、片岡さんを叱ったの？」

詰め所で記録のチェックしていたフロア主任の小柴礼子が、本沢と江藤の話に割って入った。

「すみません。ついこの間きちんと説明したのに、また洗濯されたから……ついカッとなってしまって……」

「片岡さんは、忘れてしまうのよ。何にも悪気はないし、根気よく何回も説明してあげて」

「はい、わかってるんですけど……」

小柴に注意された江藤は、渋い顔で答えた。

「さっき、お風呂で片岡さんと話してたんですけど……片岡さんは、昔ずいぶん貧しくて苦労されて、捨てるのがもったいなくて仕方がないんじゃないでしょうか」

「そうね、軽い認知症だけど、もったいない気持ちが強く残ってるのかもしれないわね」

小柴はそう言い残し、詰め所を出て行った。

「本沢さん、主任の前であんなこと言うから、私注意されたじゃないの！」

江藤は、強い口調で本沢を責めた。

「えっ、はい、すみません。そんなつもりで言ったんじゃないんです。片岡さんがあまりに悲しそうだったから……」

「まあいいけど、これからよけいなこと言わないでね。それに、あなた、洗濯室のチェックはもう終わったの？」

「はい……すみませんでした。洗濯室のチェックはこれからします」

釈然としなかったが、本沢は仕方なく謝った。

「洗濯室のチェックは、私がしておいたわ！」

江藤は、突然、記録ファイルをバタンと閉じると、そう言い捨てて、詰め所を出て行った。

小柴主任による面談

この一件以降、江藤直美の本沢奈都子に対する態度は、今まで以上に冷たいものになった。事務的な連絡以外は、本沢に対して口を開こうともしない。

二、三日が過ぎ、ほかの職員も、二人の関係がおかしいことに気づきはじめた。

「本沢さん、江藤さんと何かあったの?」

このままでは、フロア全体に悪い影響を及ぼすのではないかと心配したユニットリーダーの柳田啓介が、声をかけた。

「……」

本沢は、黙ったままうつむき唇をかみしめていた。

「江藤さんに何か言われたの?」

「……はい、実は先日、片岡さんのことで、ちょっとしたトラブルがあって、それ以降、江藤さんの態度がとても冷たいのです」

本沢は、柳田に促され、江藤が紙オムツを洗濯した片岡さんを叱ったこと、詰め所でその話をしたとき、フロア主任の小柴が江藤に注意したこと、その後、江藤に責められたこと、洗濯室のチェックのことなどを話した。

「なるほど……でも困ったなあ……小柴主任に僕から相談してみることにするかな」

本沢に対して口には出さなかったが、柳田も、江藤に対して苦手意識を抱いていた。年齢は三つ柳田が上だが、経験年数は一年長いだけだった。柳田は、ユニットリーダーに抜擢された昨年、このフロアに配置されたばかりであった。仕事に対する取り組み方や姿勢の違いからか、また、気持ちのすれ違いからか、何かにつけ、柳田と江藤にはちょっとした衝突が起こっていた。それで、柳田は、フロア主任の小柴に相談してみようと思った。

「ああ、あのときのことね」

柳田から相談を受けた小柴礼子は、すぐに状況が飲み込めた。自分も大いに関係しているとわかった小柴は、本沢と江藤、両者の話を聴いてみることにした。

「本沢さん、江藤さんに叱られたときの気持ちを聴かせてくれない？」

「はい、私は、まだ就職したばかりで、何もN園のことを知らないのですが、利用者さんとの援助関係づくりについては、大学でかなり勉強してきました。私が『いけないことだ』と思っても、相手の言動には必ず意味があると思うんです。ですから、私の気持ちは脇に置いて、『この人は、どうして私がいけないと思うことをするのだろう』って、相手の言動に関心をもって話を聴かないといけないと思うんです。そうすることで、相手との関係がよりよいものになっていくものだと信じています。

でも、江藤さんの片岡さんへのかかわりは、私が勉強してきたものとは、かけ離れたものでした。まず、甲高い声を出して、片岡さんを叱りつけることに、とても憤りを感じました。というか、身がすくみました。私は、今まで、両親にもあんな叱られ方をしたことがありません。子どもの頃から、あんなものの言い方をしてはいけないものだと思っていました。ですから、心のどこかで、あんな叱り方をする人を軽蔑していたようにも思います」

　小柴は、うなずき、相づちを打ち、ときには本沢の話を繰り返して気持ちを確認しながら話を聴いていた。

「なるほど、あなたが援助関係づくりで大切だと思うことと、江藤さんの片岡さんへのかかわりがまったく違ったのね……。ところで、あなたは、片岡さんが紙オムツを洗ったことについては、どう思ってるの？」

「今と昔では、価値観の違いは、とても大きいと思うんです。戦後、物のない時代に、まだ使えそうな物を捨てるなんて考えられなかったんだと思います。確かに紙オムツは使ったら捨てるものですが、それは、便利な紙オムツが開発された現在の話であって、紙オムツがない時代は、オムツは洗うものだったんです。新しいことを忘れてしまう片岡さんは、今もオムツは洗うものだという時代に生きてらっしゃるような気がするんです。洗っているのを叱られても、どうして叱られたのかわからないのではないでしょうか。しかも、自分を叱っているのは、孫のような年の娘ですし、プライドも傷つけられたかもしれません。片岡さんの悲しそうな顔を見て、私、やるせない気持ちになりました」

「そこまで考えてたのね」

　小柴は、本沢奈都子の資質の高さに目を見張った。

「でも……」

「でも、どうしたの？」

「江藤さんは先輩だし、批判してはいけないという気持ちがあったのですが、許し難い気持ちもあって、江藤さんにひどいことをしてしまいました」

「ひどいこと？」

「わざと、小柴主任の前で、片岡さんのことを訊いたんです」

「私に聞かせようと思ったのね」

「ええ、今は、私ってずるいなあって反省しています」

「そうなの、今は、江藤さんに申し訳ないって思ってるのね」

「はい……。その後、江藤さんの私への態度は、本当に冷たいものになりました。予想以上の冷たさにびっくりしています。今は、あのときに責められて釈然としなかった気持ちよりも、これからどうやって江藤さんと仕事をしていこうかと悩んでいます」

「なるほど、本沢さんの今の気持ち、よくわかったわ。私、これから、江藤さんの気持ちも聴いてみるわね。何とか関係を取りもどす糸口を見つけましょ」

「ありがとうございます」

本沢は、小柴に話を聴いてもらっているだけで、少し落ち着いてきたような気がした。

＊

「私は新人の頃、先輩たちから厳しい指導を受けたんです。指導というより、いじめといってもいいかもしれません。それは厳しいものでした。私は、何とか先輩に迷惑をかけてはいけないと思い、一生懸命仕事を覚えようと頑張りました。とにかく新人の私にとっては業務量が多く、時間内に終わらなかったんです。時間内に終わらないと先輩たちに迷惑がかかりますし、いじめが待っています。ですから、どうすれば要領よく仕事をこなすことができるか、そればかり考えていました。

本沢さんは、利用者さんとたくさん話そうと頑張っています。それはいいのですが、彼女には山積みの業務を要領よくこなそうという気がなく、私たちに迷惑をかけているのです。私が新人の頃とは大違いです」

小柴は、江藤直美の話を聴いていた。小柴の話の聴き方が上手だったこともあって、江藤は、一気に話した。

「なるほど、江藤さんは、自分が新人の頃、ずいぶん苦労して仕事を覚えてきたのに、本沢さんには、その態度が見られないのね。それが許せない……」

「そうですね。それに、彼女に厳しく指導しなければいけないリーダーの柳田さんが、情けないでしょ。気弱というか何というか、何も注意できない人なんです。それをいいことに、本沢さんは、自分のやりたいように仕事をしているような気がするんです」

「それで、あなたが、本沢さんに厳しくしようと思ったの？」

「はい。本沢さんは、まだ社会人になったばかりですが、今、社会人としての厳しさを教えておかないといけないと思うんです……」

急に、江藤の言葉は、歯切れが悪くなった。

「……そうなの？」

「……いいえ、できるものなら、私は、新人の頃、先輩には、優しく丁寧に仕事を教えてもらいたかったんです。だから、本沢さんには、そうしないといけないと思うんですが、つい、『私は厳しく育てられたのに、この子は何よ！』って思ってしまうんです」

「ついカッとなってしまうのね」

「はい、先日、片岡さんを叱ってしまったことは反省しています。でも、実は、あのときの洗濯室のチェックは、本沢さんの仕事だったんです。私が別の用事で洗濯室に行くと、まだできていませんでした。ですから、本沢さんに対してイライラしていたんです」

「そうだったの……」

「はい、そのイライラを片岡さんにぶつけてしまったような気がします。反省です。それに……」

「それに、どうしたの？」

「これは、ちょっと言いにくいのですが、本沢さん、人気があるでしょ。とても明るいし、素直だし……利用者さんにはもちろんですが、職員にも。主任もずいぶん彼女をかわいがってらっしゃるように思うんです。私、負け犬みたいで……。こんなことを思ってしまう私自身、嫌なんですけどね。嫉妬をしてしまうことに、子どもの頃からコンプレックスを感じているんです」

「……自分の嫌なところと向き合ってしまったのね」

江藤は、本沢との関係から、自分の性格の嫌なところと向き合ってしまった。それを認めたくない気持ちと、認めざるを得ない気持ちが交差し、葛藤を感じ苦悩に満ちた江藤の姿が、小柴には見えてきた。

(結果として、その苦悩が本沢さんや片岡さんへの激しい感情表現になったんだ。そして、自分を守りたいほどしんどかったんだ……)

小柴は、そう感じた。

「時間がかかるかもしれないけど、本沢さんとの関係を取りもどしましょ。私も精一杯協力するからね」

「はい、ありがとうございました」

江藤は、小柴に話を聴いてもらいながら自分の気持ちを表現して、少しスッキリした。そして、本沢に、少しは優しく接することができるような気がしてきた。

問題解決に向けて……草加准教授による解説

K大学の草加慎二です。教え子の本沢奈都子さんがN園に就職したことと、私が講師を務めるスーパーバイザー養成研修をフロア主任の小柴礼子さんが受講している関係で、この物語の解説をさせていただくことになりました。最後までよろしくお願いします。

対人援助の動機となる感情移入

本沢さんは、学生時代、たいへん熱心に対人援助、特に援助関係の形成について勉強をされました。おそらく本沢さんは、片岡綾乃さんの境遇を自分に置き換えて感じ取っていたのだと思います。「もし嫌がる母親を説得して施設に入れたらどうか。世話をできないやむを得ない事情があるにしても心が痛むに違いない」。そう想像しただけで、胸の中で何かがキューッと縮むような感覚を覚えたのではないでしょうか。

そうしたことから、片岡さんの長男の気持ちに思いを馳せていたのでしょう。「長男もずいぶん葛藤しているのだろう。片岡さんは、苦労して長男を育てた。戦後の貧しい時代に子どもを産み、亡くした夫への愛情も合わせて、たった一人の子どもにありったけの愛情を注いだに違いない。その愛情を長男が感じ取らないはずはない。できるものなら何とか自分で世話をしたい、しなければならない。しかし、妻との折り合いが悪い。母親と妻が一緒に暮らすと、両者ともに精神的にストレスを抱え込み、自分自身もその狭間でつらくなるのは目に見えている。長男にしてみれば、片岡さんが『長男夫婦とは一緒に暮らさない』と言ってくれたのは救いだったのかもしれない。だからこそ、そんな母親を放っておけず、たびたび面会に訪れるのかもしれない」

さらに、片岡さんの気持ちについても、「片岡さんも葛藤しているのだろう。夫の仏壇の世話をするのは、片岡さんの日課だったに違いない。世話をしたい気持ちと世話をしなければいけない責任感が強そうだ。しかし物忘れが激しくなったり、迷子になったり、今までとは違う自分にも気づいている。先行きに不安が大きくなって当たり前だ。そんな自分を心配してくれる長男の気持ちがうれしい。かといって、長男夫婦と暮らすと、自分自身も長男も嫁もみながつらくなる。しかし、施設に入ったら、見ず知らずの人と一緒に暮らすことになる。馴染めるだろうか。規則に縛られはしないのか。そんな不安もあったに違いない。いろいろな気持ちの交差する中で、施設に入ることにしたのだろう」などと思いを馳せていたのかもしれません。

本沢さんは、このように、人一倍感受性が強く、感情移入をしてしまう人なのです。そして、相手の気持ちを一生懸命考えようとする癖があるのです。彼女は、そのために、よく精神的に飽和状態になったり、相手にのめり込んだりするのですが、感情移入は対人援助の動機付けとなりますし、私は、彼女の素質だと思っています。ただし、今後、より専門性を高めていくためにも、それをコントロールする力を身につけないといけません。

関係の連鎖を知る

本沢さんは、こうした感情移入から、片岡さんが紙オムツを洗濯する気持ちも推し量っていました。ところが、江藤さんは、そもそも日常業務を覚える前に、利用者と関わることに時間を割こうとする本沢さんに嫌悪感を抱いていました。それには深い理由がありました。江藤さんが、小柴さんに語っていたとおりです。

本沢さんのように、感受性豊かで、感情移入をし、それが動機付けとなって利用者に寄り添おうとする。確かにこれが理想の援助者像かもしれません。しかし、現実問題として、そのような理想像をわかっていたとしても、理想像に近づけない背景をもった援助者も少なくないのです。「いじめ」であるかのような厳しい指導を受けて育った江藤さんは、その典型的な例かもしれません。

さて、感情がもつれると、もはや理屈では処理できません。フロアの雰囲気にも悪い影響を及ぼしつつあったということは、ますます本沢さんと江藤さんのよくない関係が増幅してきたということです。このまま当事者二人に任せておくと、もはやよい方向には向かないでしょう。利用者にも悪い影響が及ぶかもしれません。ユニットリーダーの柳田さんが、本来何らかの対処をすべきだったのかもしれませんが、肝心の柳田さん自身、江藤さんに苦手意識を抱いていました。そのような状況を考えると、柳田さんが、信頼できる上司、小柴主任に相談したのは正解だったでしょう。小柴さんは、すぐに対応してくれました。さすがです。

小柴さんは、私が講師を務めるスーパーバイザー養成研修を受講されています。五日間のうち、まだ基礎編ともいえる二日間しか終えていませんが、振り返りの時間に、彼女は、次のようなことを言っていました。

「講義の中で、関係の連鎖の話が最も印象的でした。職員同士の関係は、職員と利用者の関係に影響を及ぼす。この連鎖は、世代を超えても起こる。つまり、先輩や上司に育ててもらったように、後輩や部下を育てるということです。私の施設にも思い当たることがあります」

思い当たることというのが、おそらく江藤さんのことではないかと思います。本沢さんの持ち味である感受性のよさや感情移入から、利用者に寄り添おうとすることができる素質をつぶさないためにも、先輩である江藤さんも育てなければいけない。小柴さんは、そう思ったのではないかと思います。彼女はこんなことも言っていました。

「私は、身をもって連鎖の悪循環を絶ち、よい循環に変えていきたい」

とても印象的な言葉でした。

自己覚知を深める

本沢さんも江藤さんも、自分の立場に立って小柴さんが話を聴いてくれたことによって、素直に気持ちを表現することができました。人というのは、気持ちを表現すると、そのプロセスで自分の気持ちに改めて気づくものです。気づくということは、客観的に自分を眺めている証拠です。どっぷりとしんどい状況に浸かっていたのでは、自分の気持ちに気づきません。気持ちを表現することによって、また、彼女たちの場合は、小柴さんが、上手に気持ちを確認してくれたことで、しんどい状況から抜け出して、客観的にしんどい自分を眺めることができるようになりました。誤解を恐れずに説明しますと、臨死体験した人の幽体離脱（肉体から魂が抜け出して、死んでいる自分を眺めている）のようなイメージです。

改めて自分の気持ちに気づくと、どうしてそのような気持ちになったのか、さらには、どのように自分の感情や価値観が形成されてきたのかについても振り返ることができるようになります。つまり、自分の人生を振り返ることにもつながり、今の感情や価値観が生じてきたメカニズムが見えてくるのです。

今の感情や価値観が生じてきたメカニズムが見えてくると、人は気持ちが落ち着き、自分の感情をコントロールすることができるようになります。この一連の流れを「自己覚知」といいます（ただし、自分自身の嫌なところと向き合ってしまい、つらくなることもありますが、これについては、のちのち改めて紹介することにします）。

小柴さんが個人面談を続けると、本沢さん、江藤さんは、それぞれが自己覚知を深めることができると思います。そして、第一話では触れていませんが、今後、小柴さんに限らず第三者の仲立ちがあり、本沢さん、江藤さんの両者が、お互いに相手の感情や価値観が生じてきたメカニズムを知ることができると、両者とも相手に対して「なるほど」と思うことができます。それは、自分とは違う相手の存在を認めることにつながるのです。相手の存在を認めるということは、自分自身の感情や価値観を脇に置き、相手の立場に立って相手を理解することができるということ。これが、「自己覚知」が目指すものなのです。

自己覚知は、相手が利用者であれ、職員であれ、「違い」のある人たちとよい人間関係をつくるためには、どうしても必要になってきます。なかなかできないことですので、援助者にとっては永遠のテーマともいえるのですが、自己覚知が少しでも深まるように、プロの援助者として常に意識しておきたいものです。

第一話のポイント

感情移入は対人援助の動機付けになる

感情移入によって、精神的に飽和状態になったり、相手にのめり込んだりするが、対人援助の動機付けになるので、決して悪いことではない。しかし、より専門性を高めるためには、自分自身の感情をコントロールする力を身につけないといけない。

感情がもつれると理屈では処理できない

トラブルの渦中にいる当事者の感情がもつれていると、もはや理屈ではどうしようもない。第三者が入り、当事者に自己覚知を促す必要がある。

関係の連鎖を知る

職員同士の関係は、職員と利用者の関係へと連鎖する。また、この連鎖は、世代を超えても起こる。つまり、先輩や上司に育ててもらったように後輩や部下を育てる。理想的な対人援助ができない原因がここにもある。

自己覚知を深める

話を聴いてもらい、気持ちを話すと、自分が客観的に見えてくる。すると、自分の気持ちのメカニズムに気づく。そして、そのことによって、自分の感情をコントロールするきっかけをつかむことができる。

……あなたの職場はいかがですか?

第二話　若い職員への呆れ

ここ数日、まだ梅雨は明けていないはずなのに、先日までの雨が嘘のように晴天が続いている。少々蒸し暑いが不快というほどでもない。N園の利用者たちの表情も何となく晴れ晴れとしているように見える。桜並木の隙間から見える「ご長寿池」にも明るい日差しが反射し、今日も心地よさそうに輝いていていた。

しかし、この日も、金本千代さんは、食事以外は部屋から一歩も出ようとしない。入所してから二週間ほど経つが、この間、職員は、入れ替わり立ち替わり金本さんの部屋を訪れ、励ます。しかし、いっこうにふさぎ込んだ様子に変化は見られない。

金本千代さんは、六七歳。在日朝鮮人の二世である。今まで結婚したことはなかった。六〇歳のとき脳卒中を患い、左片麻痺になった。一緒に暮らしていた母親が、一か月ほど前に八五歳で急に亡くなり、天涯孤独になった。一人暮らしは困難と判断され、役所の勧めに応じて緊急の入所に至った。

金本さんの母親は、終戦間際、日本で金本さんを産んだ。戦争が終わり、ロシアや朝鮮からの引き揚げ船が、朝鮮人を祖国へ連れて帰ってくれると聞いて、母親は、幼い金本さんを抱いて死にものぐるいで京都の舞鶴港にたどり着いた。しかし、子連れはダメだと断られた。

しばらくは、親切な舞鶴の人の世話になっていたが、その後、今の住所地に移った。母親は、細々と焼肉店を営みながら、金本さんを育ててくれた。中学校を卒業した金本さんは、昼間はアルバイトをし、夜は店を手伝っていた。六〇歳で脳卒中を患うまでは、高齢の母親とともに焼き肉店を細々と営んでいた。客の中心は在日朝鮮人だったようだ。その後は生活保護を受給していた。


「金本さん、俺、洗濯物、取り入れといたから、部屋にもって行っておいて！」

島田省吾の声が聞こえてきた。島田は、二一歳。専門学校を卒業したあと、N園に就職して二年目である。金本さんの生活歴をよく知っているだけに、ずっとふさぎ込んでいる金本さんが気になって仕方がなかった。今日も何とか元気づけようと威勢がいい。

「いつもありがとうね、島田さん」

金本さんは、ほんの束の間だが元気を取りもどす。ところが、須藤公子は、この頃、利用者など年長者に対する島田の言葉づかいにイライラしていた。

「島田さん、金本さんはあなたよりうんと年上だし、何よりも利用者さんなんだから、もう少し丁寧な言葉づかいをしたらどうなの」

　何度も注意をするが、いっこうに改まらない。

「すみません。以後気をつけます」

　そのときだけは調子がいい。須藤は、島田のそんな態度にも腹立たしく思っていた。新人の頃は、丁寧な言葉づかいをしていたが、慣れからか、もともとの習慣なのか、性格なのか、次第に言葉づかいが乱暴になってきた。

　須藤公子は、四八歳。長年ホームヘルパーとして働いてきた。N園が増設された二年前に遅出専門のパート職員として就職した。N園では、二四時間体制で、利用者の暮らしを支えている。遅出は、一二時から二一時の勤務である。須藤にとって、遅出の勤務時間が、家族の生活サイクルに合っていてちょうどよかった。夫や子どもは、それぞれ仕事やクラブ活動で毎晩の帰宅が遅かった。

　須藤の仕事ぶりは、さすがに長年ホームヘルパーとして勤務していたこともあって、迅速で丁寧で、ほかの職員からは一目置かれていた。利用者とおしゃべりをしながらもてきぱきと仕事をこなす。若い職員が多いこのユニットにとっては、貴重な存在だった。二年目の島田も新人の本沢も、須藤には毎日いろいろなことを教わっていた。また、たいへん律儀な性格で利用者の信頼も厚かった。

「柳田さん、あなたはリーダーなんだから、島田さんに注意をしたらどうなんですか」

　須藤は、ユニットリーダーの柳田啓介に再三相談を持ちかけていた。

「島田くんは、彼なりに頑張ってると思います。金本さんは、入所以来まったく元気がありませんし、元気づけようとしてるんです」

「それはわかるんだけど、島田さんの言葉づかいが乱暴なのは、金本さんに対してだけじゃないでしょ。大きな声でしゃべるし、フロアのどこにいてもあの子の声が聞こえてきて、私イライラするのよ」

「……そうなんですか……」

柳田も困り果てた。柳田は、大学を卒業してN園に就職した。今年で六年目になる。昨年ユニットリーダーに抜擢されたが、リーダーとしての自信がなかった。自信のなさが日頃の仕事ぶりにも表れている。判断を迫られるときに、はっきりと方向性を示すことができないこともあった。須藤は、そういう柳田に対してもイライラしていた。須藤は、島田や柳田など若い職員への呆れと軽蔑の感情が高まり、次第に仕事への意欲が低下してきた。

小柴主任による面談

「柳田さんも島田さんも、いい加減にしてほしいわ！」

フロア主任の小柴礼子が、ちょうど詰め所に入って来たところだった。須藤が、柳田に対して何度目かの訴えをしていた。

「あら、須藤さん、どうされたんですか？」

小柴は、険しい表情をした須藤に尋ねた。

「どうもこうもありませんよ。島田さんに言葉づかいを改めるように、柳田さんから注意をしてほしいと再三お願いしているのに、いっこうに動こうとしないから……リーダーとしてきちんと対応してほしいと思いまして……」

柳田は、ただ困った表情をしながら、「助けてほしい」と、小柴に目で訴えていた。会議で、スーパーバイザー養成研修の報告をして以来、何かと柳田からの相談が多かった。今回、柳田から事前に相談はなかったが、「またか」とは思いながらも、小柴は須藤の話を聴くことにした。

「私の両親は、二人とも教員をしていたこともあって、厳しくて、特に年長者への言葉づかいについては、厳しくしつけられました。中学生の頃は、両親のことを『古い人たちだ』と反発もしていたのですが、いつの間にか、両親のしつけが身についていたんですね。学生時代のクラブ活動でも顧問の先生や先輩への言葉づかいについて厳しく指導されたのですが、私は、子どものころからの両親のしつけで慣れていて、ほかの学生に比べて苦労はしませんでした」

「須藤さんが言葉づかいに非常に厳しいのは、そういう理由があったんですね」

小柴は、相づちを打ち、要点を要約しながら、須藤の話に耳を傾けていた。

「島田さんの言葉づかいはいったい何でしょうね……親はどんなしつけをしてきたのでしょうか。最初は優しく注意をしていたのですが、いっこうに改まりません。もう我慢の限界です」

「もう我慢の限界だと感じるくらい腹立たしく思ってらっしゃるんですね」

小柴は、須藤の気持ちを反復しながら確認した。

「ええ、そうなんです。それに、柳田さんは、ユニットリーダーだから、職員の指導をするのが役割でしょ。私は、役割にも結構こだわってしまうんです」

「役割ですか……もう少し、詳しく教えていただけませんか？」

「はい、主任とかリーダーとか、その上には、課長とか施設長とか、役割があって組織は成り立っているじゃないですか。上の人は、それぞれ自分の下に位置する人の仕事に責任をもたないといけないと思うんです。島田さんの仕事を一番身近で見ていて、直接指導しなければいけないのは、リーダーである柳田さんですから……。何度か、主任の小柴さんに相談しようと思ったんですけど、私がそれをしてしまうと、柳田さんのリーダーとしての立場がないでしょ」

「なるほど、そういうことですか。須藤さんは、腹立たしい気持ちを抱きながらも、柳田さんの立場を守ってくださってたんですね」

小柴は、組織の指示命令系統や教育システムを重視している須藤の姿勢に改めて感心した。特別養護老人ホームのような社会福祉施設は、最前線の横並びの職員が多い。N園では、何かと直接利用者とかかわる現場の最前線の職員任せになってしまっている現状がある。スーパーバイザー養成研修で、講師の草加が、「だから、社会福祉施設には、スーパービジョンを仕組みとして整えなければいけない」と言っていたことを思い出し、改めて現状を認識した。

「柳田さんの立場を守ろうなんて思っているわけではありませんが、柳田さんが自分の役割をきちんと果たしてほしいのです。私は、年齢は高いですけど、ただのパート職員ですから、リーダーの立場を無視して、島田さんにあまり注意してはいけないと思っています。とはいっても、我慢できなくて、もう何度も注意してしまってますけどね……」

「そうなんですか……」

須藤は、自分がパート職員という立場であることも考えていて、出すぎた真似をしてはいけないとも思っている。小柴自身、見習わなければいけない組織人としての姿勢だった。

「柳田さんは、リーダーとしてはダメですね。注意できない人はリーダーの資格がないと思います。本当に情けないことです」

柳田の様子を思い出したのか、須藤の感情は、再び高まってきたようだった。須藤の話を聴いていた小柴は、須藤への対応や島田への指導など、柳田がリーダーとしての役割を果たせるようにしないといけないと思った。そこで、今回は、柳田の話をゆっくり聴く必要を感じた。

＊

「確かに、利用者さんに対する島田くんの言葉づかいは、あまりいいものではないと思います。でも、彼は、ああ見えて利用者さんに結構人気があるんです。特に、金本さんは、入所以来ほとんど笑顔を見たことがないんですが、彼が声をかけるとニコニコされることが多いんです。金本さんを元気づけようと一生懸命なんです」

「そうなの……」

小柴は、柳田啓介の話を聴いていた。

「彼は、とても愛想がいいですからねえ。それに結構気が利くんですよ」

「どんなふうに気が利くの？」

「たとえば、この間見かけたんですが、金本さんが、キッチンの棚のところで何か捜し物をされてたんです。すると、『これじゃないの？』って、島田くんが爪楊枝を差し出すんですよ。テーブルを見ると、リンゴが切って置いてあって、ほかの利用者さんの家族が用意してくれたらしいのですが、金本さんは、いつもリンゴを爪楊枝で刺して食べるらしいのです。まだ入所されて間がないので、僕は知らなかったんですが、彼はよく知っていたようです」

「そんなことがあったの……」

「『これじゃないの？』っていう言い方が、おどけた調子で、人によったら馬鹿にされているように感じるかもしれない言い方でしたが、金本さんは、喜んでらっしゃいました。その様子を見ていた須藤さんから、彼は、あとで、叱られてましたけどね」

「そうなの……ほかの利用者さんに対してはどうなの？」

「ほかの利用者さんに対しても同じような調子ですけど、それが彼の人なつっこさになっていて、利用者さんたちは、やんちゃな孫のようにかわいがってくださってます」

「そんなふうに、島田さんは人気があるのね」

小柴は、島田省吾のやんちゃな顔を思い浮かべながら、柳田の話を聴いていた。

「そうなんです。だから、確かに言葉づかいはよくないんですが、注意するのもどうかと思ってしまいます。それに、須藤さんに注意されてもすぐ忘れてしまうところも、彼のいいところのような気がします」

「すぐに忘れてしまうのも彼のいいところなの……」

そう言いながら、小柴は、柳田の表情が少し曇ったことに気づいた。

「……それに比べて、僕は、子どもの頃から人に注意されることがとても怖いんです。無意識のうちに、人に注意されないように気をつけているように思います」

「そうなの……」

小柴は、とっさに、島田に注意できないのは、柳田自身の気持ちの問題があるのではないかと感じた。

「悪く言えば、人の顔色をうかがっているようなところがあるんです」

「もう少し詳しく聴かせくれる？」

「はい、僕は長男なんですが、子どもの頃、両親から『啓介はお兄ちゃんなんだから……』ってよく言われました。弟がいるんですが、僕が見本を示さなければいけなかったんです。生活態度にしても、勉強にしても、何かにつけ、弟のしつけのために、僕が引き合いに出されて、僕は『いい子』にしていないといけなかったんです。そのことと、人に注意されることが怖いのとが関係してるかどうか、よくわからないのですが……」

「でも、何となく関係してるように思うのね」

「そう思います。人に注意されるのが怖いのは、僕の性格になってるような気がします。それに、人に注意すると、嫌われるような気がして……あっ、そうです。僕は、人に注意すると嫌われるような気がして、注意すること自体に抵抗があるんです。躊躇してしまいます。とても神経質なんです。ですから、僕にとっては、島田くんはとてもうらやましい性格なんです」

小柴は、柳田が島田に注意できない理由がわかったような気がした。人に注意をすることにコンプレックスを感じている。また、島田の性格をうらやましく思っている。島田に注意することを無理強いすると、真面目な柳田にとっては、とても大きなプレッシャーになるに違いない。

(柳田さんは、人に注意はできなくても、島田さんや須藤さんの話を聴くことはできるはずだ)

小柴はそう思った。そして考えた。

須藤に対しては、「島田の態度に対してなぜ腹立たしく思うのか。それはどこからきているのか」、そして、島田に対しては、「須藤に注意をされるとどんな気持ちになるのか。注意されたことをつい忘れてしまうのではなぜなのか」を聴く。話を聴くのは一度きりではなく、しばらくの間は毎日のように、「今日はどうだったのか」を両者から聴くようにすればどうか。そうすることによって、須藤は、柳田が積極的に対応していると感じてくれるのではないか。島田も須藤から受けた注意を忘れてしまうことがなくなるのではないか。また、柳田もリーダーとしての役割を果たせるのではないか……。

それに、島田は、金本さんを一生懸命元気づけようとしているが、金本さんに対してどのような感情を抱いているのか、ほかの利用者に対してもそれは同じだ。そのことと言葉づかいは関係あるのだろうか。島田に聴けばいいのではないか。聴くことで、つまり島田が言葉として表現することで、島田自身整理できるかもしれない。

小柴は、思ったこと考えたことを、柳田に提案してみた。

「注意することには抵抗がありますが、話を聴くことならできると思います」

柳田の言葉と表情は、少々自信ありげであった。

問題解決に向けて……草加准教授による解説

草加です。今回は、島田さんの言葉づかいに端を発し、須藤さんが柳田さんや島田さんなど若い職員に呆れたという物語でした。整理をしてみましょう。

性格や価値観の違いから起こるトラブル

人はみな、生まれ育った背景が違います。両親がどのように育ててくれたのか、今までどのような人たちと出会ってきたのか、どのような地域で暮らしてきたのか、どのような勉強をしてきたのか、どのような仕事をしてきたのか……抱えている人生が違うわけですから、みな性格や価値観が違います。まったく同じ性格や価値観の人はいないといっても過言ではないでしょう。その違いによるトラブルは、起こって当然なのです。むしろ、トラブルが起こらないほうが不自然なのかもしれません。

同じ職場の人たちを見渡すと、ほかにもいろいろな違い、たとえば、専門性や立場の違いなどがありますが、この性格や価値観の違いから起こるトラブルが最も深刻なのです。よく「あの人とは生理的に合わない」と言いますが、これは、性格や価値観の違いから生じる感情なのです。

今回は、島田さんの言葉づかいに端を発するトラブルが起こりました。小柴さんは、島田さんの話を聴いたわけではありませんので、島田さんの気持ちや考えはわかりません。しかし、須藤さんにとっては、島田さんの言葉づかいは許し難いものでした。それは、須藤さんの両親のしつけやクラブ活動での指導といった今までの人生で経験してきたことから生じているものでした。

一方、須藤さんは、組織の指示命令系統、上下関係、それぞれの立場での職責をたいへん重視する人でした。須藤さんは、このことについて、あまり多くを語っていませんが、おそらく、今までの人生で、これらを重視しなければいけない何かを経験しているからでしょう。柳田さんへの呆れや軽蔑の気持ちは、柳田さんがユニットリーダーとしての職責を果たさないことへのいらだちから生じていました。

柳田さんはというと、人に注意すると嫌われるのではないかという意識が働き、注意すること自体に抵抗を感じています。これも、子どもの頃に経験した人間関係に起因するものでした。

このようにみると、須藤さんと柳田さんの性格や価値観は、かみ合っていません。お互いに気づかないところで溝ができているのです。放っておくと、ますますその溝が深まることでしょう。

トラブル解決で深まるつながり

どのような職場でも、人間関係のトラブルは必ず起こります。必ず起こりますので、大切なのは、トラブルは避けるのではなく解決するということです。その渦中にいる当事者たちの力で解決することができると、当事者たちのつながりが一気に深まります。つながりが深まると「仲間意識」も強くなり、心地よく仕事ができるようになります。

性格や価値観の違いによるトラブルを解決するためには、まず、自分自身の性格や価値観をしっかり振り返ることが大切になります。「なぜ私は、島田さんの言葉づかいが許せないのか」「なぜ俺は、須藤さんから受けた注意を忘れてしまうのか」「なぜ僕は、島田くんに注意ができないのか」などを振り返ってみるということです。そうすると、その背景にある何かが見えてきます。そして、見えてきたものを当事者間で共有し、お互いに「なるほど」と受け止め合います。それが「自己覚知」につながるのです。

とはいうものの、トラブルの渦中にいる当事者たちが、見えてきたものをすぐに共有し、受け止め合うことなど無理でしょう。やはり時間がかかりますし、当事者同士の橋渡しをする第三者の存在が必要になります。N園では、スーパーバイザー養成研修を受講している小柴さんが、須藤さんと柳田さんの話をしっかり聴いてくれました。小柴主任は、「相手を理解するためには、相手の話を聴くことが大切である」ということを研修でしっかり学んだのでしょう。さっそく実践しています。その結果、当事者間で共有する前段階として、まず、須藤さんと柳田さんが、自分自身の性格や価値観を振り返るということができたのです。

鍵を握る人物の見極め

今回、小柴さんは、須藤さんと柳田さんの話を聴いてみました。しかし、須藤さんをイライラさせたトラブルの発端である島田さんには直接かかわりませんでした。小柴さんは、「まだこの段階で、島田さんに直接指導をすることは控えたほうがいい」「今回鍵を握るのは、当事者でもあり、リーダーでもある柳田さんだ」と見極めたからです。

柳田さんは、リーダーとしての職責を果たせないことで、須藤さんの顰蹙《ひんしゅく》を買っていました。何とか威厳を取りもどさないと、ユニット集団の統制が取れなくなってしまいます。小柴さんは、今こそ、柳田さんをリーダーとして育てるいい機会だと感じたのでしょう。スーパーバイザー養成研修の二日目が終わって決意したことを実行しようとしたのです。

そこで、小柴さんは、柳田さんの話を聴いた上で、柳田さん自身にできそうなことを提案してみました。柳田さんは、人に注意するということに抵抗を感じていますが、冷静で思慮深く、人の話を聴くことはできます。これは、昨年、彼がユニットリーダーに抜擢された理由でした。小柴さんは、うまく彼の特性を活かそうとしました。

小柴さんが提案した通り、柳田さんが毎日のように島田さんの話を聴いていると、島田さんは、自分の性格や価値観に気づき、改善の糸口をつかめることでしょう。また、須藤さんも、柳田さんとの関係が深まり、彼を次第に見直すでしょう。

そして、やがては、柳田さんが第三者的存在となり、島田さんと須藤さんの橋渡しをしてくれることを期待したいものです。

第二話のポイント

性格や価値観の違いから
トラブルが起こる

人はみな性格や価値観が違う。その違いからトラブルが起こって当然である。トラブルが起こらないほうが不自然である。

トラブルは避ける
のではなく解決する

必ずトラブルは起こるもの。避けないで解決することを考える。ただし、当事者だけでの解決は難しい。したがって、第三者が存在したほうがいい。

職責を
果たせるようにする

小柴主任が、柳田がリーダーとして職責を果たせるようにしたように、上の立場の者が下の立場の役割を奪ってはいけない。それぞれの立場の職責を果たせるように配慮する。

それぞれの人の特性を
活かす

プロの援助者とはいえ、生身の人間なので得手不得手がある。人生に起因するなど、なかなか克服できない事情がある場合、無理強いすることは避け、その人が実行可能なことを提案する。

……あなたの職場はいかがですか？

第三話　専門性の違い

じめじめしていたうっとうしい梅雨時が懐かしいくらいに晴れわたり、猛暑が続いている。夜間は冷房が止まるため、網戸にして寝ている利用者が多い。熱帯夜が続き、ただでさえ寝苦しいところに、夜が明けると、網戸を突き破るかのような、容赦のないクマゼミの声にとどめを刺される。利用者たちは、朝五時半には目を覚まさざるを得ない。しかし、早出が出勤してくるのは七時である。それまでは、各ユニットに夜勤者が一人いるだけで、起床の介助が十分にできない。自分で着替え、車椅子に乗り移ることができない利用者は、七時まで待つことになっている。本当に申し訳のないことだ。フロアでは、それを解消するために、毎年のように話し合いをするが、この人手ではどうにもならない。小柴礼子は、主任として、毎年利用者に説明し謝っている。

猛暑のせいか、体調を崩す利用者があとを絶たない。看護師の宮本香江が、利用者の体調管理にピリピリする時期である。

「あらっ、武田さん、もうお風呂に入ってもいいんですか？」

本沢奈都子は、入浴は昼からなのに、朝食後早々と用意をしている武田虎彦さんに声をかけた。武田さんは、五日ほど前に体調を崩し、入浴を控えて静養していたが、昨日から調子がよかった。

「宮本さんは、もう少し我慢しろって言ってたけど、昨日も今日も血圧は正常だったし、もういいだろ。わしは風呂と食事だけが楽しみなんだから……」

武田虎彦さんは、八九歳。六三歳のときに脳卒中で倒れ入院した。退院後数年間は自宅で暮らしていたが、家族と折り合いが悪く、N園が設立された二一年前に入所した。N園では、最も古くから入所している利用者だった。妻は五年前に亡くなっているが、自宅には、長男家族が暮らしていた。

武田さんは、いつも表情に陰があり、何かと気難しいところがあった。入所以来あまりほかの利用者とは交流しようとせず、日中のほとんどは部屋で過ごしていた。また、ほかの利用者とのトラブルが絶えず、N園では、対応困難な利用者の一人であった。もう一一年前になるが、小柴礼子が就職した当初、武田さんは最も荒れていた時期で、小柴は、何とか心を開いてもらおうと積極的にかかわった。しかし、無駄な努力で終わった。

この春、本沢が就職した。利用者のことを少しでも知りたいと思い、武田さんの分厚い記録を読んだ。それで、武田さんは、戦後、ソ連軍によってシベリアに抑留されていたこと、日本に引き揚げてきて空襲で家族が全員亡くなっていたのを知ったこと、親戚を頼って現在の住所地に移ったことなどを知った。

本沢は、はじめての夜勤の日、武田さんに話を聴こうと部屋に行った。いったんは「出て行け」と怒鳴られたが、その後、再度部屋に行くと、武田さんのほうから、シベリアでの抑留生活、引き揚げ船が舞鶴港に入ったときの感動、家族が全滅していたことを知った時の驚愕など、積極的に戦後のつらかった話をしてくれた。本沢にとっては、映画かドキュメント番組でしか観たことのない情景が、武田さんの口から語られることに、ただただ唖然としていた。

驚いたことに、武田さんの初孫は、本沢と同じ「奈都子」というらしい。二〇歳のときに白血病で亡くなったという。そのことも知った。本沢は、いつもの癖で、武田さんの気持ちをいろいろと推し量った。

翌朝、武田さんは、本沢に「昨夜は話を聴いてくれてありがとう」とお礼を言ってくれた。以降、何かが吹っ切れたのか、武田さんの表情は明るくなった。ほかの利用者とのトラブルもほとんどなくなった。ほかの利用者との交流はまだまだだが、職員の声かけには気軽に応じるようになった。特に本沢に対しては、「わしは、風呂と食事だけが楽しみなんだから」などと軽口も言うようになった。二一年間、誰がかかわっても心を閉ざしていた武田さんが、新人である本沢のかかわりによって心を開くようになったことは、ほかの職員にとっては驚きだった。フロア主任の小柴に「たぐいまれな素質をもっている」と思わせたゆえんである。ユニットリーダーの柳田も、六つ年下の新人に一目置くようになった。

「武田さんは、お風呂が大好きですものね」

「宮本さんは、頑固で困る。わしは、ピンピンしてるのに……こんなに暑い日が続いたら、汗臭くてかなわん」

「そうですよね……」

とは言ったものの、本沢は、本当にもう入ってもいいものか気になった。

「ちょっと待ってくださいね。宮本さんに確かめてきます」

本沢は、医務室に行き、看護師の宮本に確かめた。

「まだダメよ。五日ほど前だったかしら、血圧が急に上がった日に、一週間ぐらいはお風呂に入らないように言ったでしょ。あと二、三日の辛抱なんだから我慢してください」

宮本香江は、四二歳。長年、救命救急センターで働いてきた。優秀な看護師である。二年前、N園の増床のときに、家庭の都合で変則勤務が緩やかなN園に転職した。

「やっぱりダメですか……」

叱られた本沢は、納得できなかったが、仕方なく武田さんに伝えた。

「今日はどうしても入る」

武田さんは、そう言い張り、急に機嫌が悪くなった。

「昨日から血圧が正常だったら、もう入りたいですよね……」

困った本沢は、ユニットリーダーの柳田に相談した。柳田は、改めて武田さんの気持ちを確かめたが、変わりなかった。

「僕がもう一度、宮本さんのところに行ってくるよ」

本沢と武田さんに告げ、柳田は、医務室に足を運んだ。

「何回来てもダメなものはダメです。さっき本沢さんに言いましたよ」

宮本は、まったく聴く耳をもたない。

「わかりました。あなた方が武田さんにきっちり言えないようだったら、私が、直接説明しますから……」

「そういう問題じゃなくて……」

柳田と宮本は、医務室の前でちょっとした口論になった。リビングでは、利用者たちが二人の様子を怪訝そうな顔で眺めていた。詰め所の前で、二人と利用者の様子を見ていた小柴礼子が、すぐに駆け寄った。

小柴主任の仲介による話し合い

「どうしたんですか、二人とも……」

柳田が成り行きを説明した。

「なるほどね。今二人とも話をする時間がありますか？」

「これから利用者さんのご家族の面談があるので、今は無理ですけど、あと一時間ほどしたら大丈夫です。その頃でしたら、本沢さんも大丈夫だと思います。ただ、二人一緒にフロアからは抜けられないので、フロアの詰め所でお願いします」

「私も一時間後なら大丈夫です」

こうして、一時間後、フロアの詰め所で、本沢も交えて、武田さんの入浴について話し合いをすることになった。


「私は、長い間、救命救急センターで働いてきました。運ばれてくる患者は、交通事故や急な病気で生死をさまよう人たちばかりでした。医師や私たちは、たくさんの命を救ってきましたが、たくさんの命が失われるのも見てきました。働き盛りの人たちもいました。幼い子どもを残して死んでいく母親もいました。これから人生を楽しむはずだった若者たちもいました。私は、救命救急センターで働いて、命の尊さを、身をもって知ることができました」

宮本は、話す内容をあらかじめ準備していたのか、よどみなく話した。小柴、柳田、本沢の三人は、口を挟む隙すら与えられなかった。

「確かに、武田さんは、昨日から血圧は安定しているし、今日お風呂に入ったからといって、死ぬわけではないと思います。でも、二〇年以上も前ですけど、脳血管の病気で倒れたんですよ。運よく命には別状がなかったし、後遺症も軽くてすんだけど、命を大切にしてほしいのです。今回血圧が上がって体調を崩したのは、もちろん以前の脳血管の病気とは無関係ですが、血圧が高くなりやすい体質なんですから、健康をもっと意識してほしいのです。日頃から体を大切にすることを伝えるために、武田さんには、わざと厳しく対応しています。

病院なら、そのことを患者さんに教えるために、医師の指示で、看護師が徹底して患者さんに対応します。でも、ここは施設ですし、医師が常駐していません。だから私が責任をもって、利用者さんにそのことを教えていかなければいけないと思ってるんです。前から思っていたのですが、介護職の人たちは、健康に対する意識が低いように思えて仕方がありません。こんなことでは、利用者さんの命や健康を守っていけないように思います」

宮本は、一気に話すと、ふぅーっと溜め息をついた。

「看護師としては当然なんでしょうが、宮本さんの命や健康に対する意識の高さと、私たち介護職の意識が低いと思われる気持ちはよく伝わりました」

小柴が答えたが、柳田と本沢は、宮本に圧倒されたのか、口を真一文字に結び何も言えない状態だった。

「柳田さんと本沢さんはどう思う？」

小柴は、二人に話すように促した。柳田と本沢は、チラッと目を合わせたが、柳田が思いきって話し出した。

「僕たちは、介護職として利用者さんの暮らしを支えています。ここは、特別養護老人ホームです。僕たちにとっては職場ですけど、一人ひとりの利用者さんにとっては、『自分の家』なんです。いろいろな事情があって、本当の自分の家で家族と一緒に暮らせない方々ばかりですが、できるだけ本当の家にいるような感覚で暮らしてほしいと思っています……」

それを聞いて、宮本が口を挟みかけたが、小柴は制止した。

「宮本さん、ちょっと待ってください。柳田さんの話を最後まで聴きましょう」

「すみません……柳田さん、どうぞ話してください」

「はい、宮本さんが言われることはよくわかります。でも、ここは病院ではないのです。病院なら、病気を治すことを第一に考えて当然だと思います。お風呂に入ることが、明らかに病気の治療によくないのなら、医師や看護師の判断で、徹底して患者にそう伝えるべきだと思います。でも、ここでは、その判断は、できるだけ利用者さんがするべきだと思うんです。重度の認知症などで判断力に問題のある方についてはともかく、武田さんは、自分で判断する力にはまったく問題ありません。武田さん自身、もうお風呂に入っても大丈夫だという確信があるのだと思います。僕は、医療の専門家ではありませんが、昨日からの武田さんの様子をみていると、大丈夫だと思います……」

「本沢さんはどう思う?」

小柴は、促した。

「私も柳田さんとまったく同じ考えです。武田さんは、N園に入所して二一年になるそうですが、記録を読んだり、先輩たちの話を聴いていると、何か事情があって、施設ではずっと孤独感を感じておられたように思うんです。以前、ユニットがない時代に、大勢で一緒にお風呂に入っていた頃のことは、私は知りませんが、増床されてユニットができてから、お風呂は、一人ひとり別々に入れるようになったし、武田さんの数少ない楽しみになったようです。そうおっしゃってました。武田さんは、本当にお風呂が好きですし、私たちがその楽しみを奪ってはいけないと思います」

三人の意見を聞いて、小柴は考えた。小柴自身、今は主任として直接の介護からは外れているが、介護職として長年勤めてきたので、柳田や本沢と近い考え方だった。しかし、宮本の考え方もよくわかる。確かに、N園の介護職には、利用者の健康に対する意識が低いように思う。

しばらく四人で意見交換をしていたが、最後に、小柴は宮本に言った。

「確かに、私も含めて利用者さんの健康に対する介護職の意識は低いように思います。宮本さんの話を聞いて反省しました。ですから、その意識が高まるように、宮本さんには、これからも介護職を指導してほしいと思います。ただ、柳田さんがおっしゃったように、ここは利用者さんの暮らしの場であることも理解していただきたいのです。命の危険があるような場合は別ですが、そうではない場合、利用者さん自身が、適切な判断をすることができるように、十分説明をしてほしいと思います。

利用者さんは、N園という暮らしの場での主人公です。決して治療や指導の対象ではありません。宮本さんは、医療の専門職ですから、命の危険があるかどうかの見極め、十分な説明、いざというときの対応、そして、できるだけ利用者さんの楽しみがかなえられるように、その専門性を発揮してほしいのです。こうした考え方を共有できないでしょうか……不都合があれば、そのつど話し合いたいと思います」

小柴は、年上の宮本に精一杯敬意を表しながらも説明した。

「あなたがたの熱意はとてもよく伝わりました。わかりました。小柴主任の言われるようにしましょう。私自身、施設が暮らしの場だという意識に欠けていたと思います。みなさんの話を聞いてよくわかりました。ただ、本当に介護職のみなさんの健康に対する意識が低いと思うときがありますので、ビシビシ指導しますよ。いいですか？」

「ぜひ、お願いします」

小柴は、元気よく返事をしたが、柳田と本沢は、苦笑いしながら首をすくめていた。

昼食後、武田さんは、柳田の介助で久しぶりの入浴を楽しんでいた。浴室からは、武田さんの鼻歌が聞こえていた。

問題解決に向けて……草加准教授による解説

草加です。今回は、利用者の入浴をめぐる介護職と看護師の考え方の食い違いからトラブルが起こりました。整理をしておきましょう。

専門性の違い

小柴さんは、話し合いの場を設け、看護師としての宮本さん、介護職としての柳田さん、本沢さんの橋渡しをし、話を引き出しました。すると、今回の衝突の原因は、個人的な性格や価値観の違いというよりも、専門性の違いからくる考え方の相違だということがわかってきました。こうした衝突は、私が、大学の教員になる前に勤めていた身体障害者施設でも本当によくあった話です。

社会福祉施設などの現場では、福祉職と医療職が一緒に仕事をしています。特に、N園のような介護現場では、介護職と看護師は日常的に常に一緒に仕事をしています。両者は、自ずと専門性が違います。今まで勉強してきたことがまったく違いますから、専門性が違って当たり前なのです。専門性が違うと、同じ状況に置かれていても、同じ人やものを見ても、その見方や捉え方が違うのです。ですから、お互いに納得できないということが起こるのです。

お互いに自分の専門性にしたがった主張ばかりすると、いつまで経ってもかみ合いません。かみ合わないと、お互いにさらに強く自分の考え方を主張します。やはりかみ合わないので、さらに激しい主張のし合いをします。どこまで行っても平行線です。

自分の考えを主張している間は、「相手のことをわかろう」という気持ちはありません。どのような気持ちで自分の考えを主張しているのかというと、「相手にわからせてやろう」です。これではお互いにストレスを感じるばかりです。こうした状況は、職員間のストレスにとどまらず、対人援助の職場では、結局、利用者に悪影響を及ぼすことになってしまいます。

「主張し合う」のではなく「聴き合う」

そこで、「主張し合う」のではなく「聴き合う」ということが大切になるのです。今回の場合、考え方の違いは、専門性の違いから生じているのであって、個人的な性格や価値観の違いでもなく、どちらかが間違っているわけでもありませんでした。ですから、「この人の専門性ってどのようなものだろう」ということに関心をもち、お互いに聴き合うのです。そして、お互いの専門性を理解します。その上で、同じ方向を見ることができるように話し合うのです。

小柴さんは、両者の専門性を認めた上で、足りないところも指摘しました。介護職の健康に対する意識が低いこと、宮本さんが、利用者が暮らしの場での主人公という捉え方をしていないことなどです。これらは、お互いに指摘し合って理解し合う必要があります。そして、違う職種であっても、目的を共有し、その目的に向かって役割分担するのです。

ただし、この場合、お互いに足りないところを指摘し合うことができる関係が必要になります。関係ができていなければ、結局「主張し合う」ことしかできないでしょう。よい関係をつくるためにも、まず、組織やチームで、「聴き合う」ことの大切さについて話し合い、「聴き合う」習慣が身につくように努力が必要になります。努力しないで「聴き合う」習慣は身につきません。「聴き合う」ことができれば、相手は聴いてくれますから、お互いに「主張し合う」こともできるのです。また、

「聴き合う」ことは、専門性の違いだけではなく、あらゆる違いがある状況においても、たいへん有効に機能すると思います。

利用者の暮らしを支える視点を共有する

ところで、小柴さんが、宮本さんに精一杯敬意を表しながら説明した根拠として、「利用者の暮らしを支える」という視点がありました。この視点では、暮らしの主人公としての利用者の「自己決定」がたいへん重要な意味をもちます。

援助を必要としている人たちの生活のリズムは、援助をする側の都合によって左右されることがよくあります。今回の物語の冒頭にあった、自分で着替え、車椅子に乗り移ることができない利用者は、早出の職員が出勤する七時まで待つことになっているのは、その典型的な例です。このように、やむを得ない例もあるのですが、可能な限り、利用者が自分の意思で自分の暮らしを組み立てていく、つまり自己決定できるように支えるのが対人援助職の責務です。しかしこれは、ともすれば忘れてしまいやすいので要注意です。

今回の場合は、援助をする側の都合ではありませんでしたが、宮本さんの「健康を意識することを指導する」という専門的な考え方から、武田さんが希望する入浴にストップがかかりました。しかし、小柴さんは、柳田さんや本沢さんの意見を聴いた上、あくまでも暮らしを支えるという視点から、武田さんの自己決定を尊重しました。この場合、適切な自己決定ができるように、十分説明をすることが大切になります。小柴さんは、宮本さんに、その役割をお願いしたのです。

ただ、お年寄りや、病気の後遺症などで体が不自由になった人たちの場合、ちょっとしたことで、体調を大きく崩してしまうことが多いので、何でもかんでも自己決定だというわけにはいかないのが現状かもしれません。ですから、暮らしを支える視点から、利用者の自己決定を尊重することを共有し、それを前提としながらも、そのつど、それぞれの利用者の状況に応じて、どこで線引きをするのかについて話し合う必要があるでしょう。

今回、看護師として、救命救急センターという命を救う最前線で仕事をしてきた宮本さんは、小柴さんたちとの話し合いによって、暮らしの主人公としての利用者を意識できるようになったと思います。しかし、日々忙殺されていると、忘れてしまうこともあるでしょうし、再び利用者を治療や指導の対象として捉えてしまうこともあるかもしれません。また、安易に自己決定を掲げていると、命の危険を見落としてしまうこともあるかもしれません。介護職にしても、何かのきっかけで、いったん決まった方向性に疑問を感じることもあると思います。ですから、宮本さんにしても、介護職の人たちにしても、何か疑問を感じたときには、お互いにすぐに話し合うことができる仕組みをあらかじめつくっておくことが大切になります。

第三話のポイント

放っておけば、専門性の違いからトラブルが起こる

「主張し合う」のではなく「聴き合う」

暮らしの主人公は利用者であることを共有する

疑問があれば話し合う仕組みをつくっておく

専門性が違うと、物の見方や捉え方が違うのは当然である。相手の専門性を理解しようとせず、お互い自分の専門性を主張していると、必ずトラブルが起こる。このストレスはやがて利用者に悪影響を及ぼす。

「相手にわからせてやろう」という気持ちしかないので、お互い自分の考えを主張する。これではいつまでもかみ合わないので、「聴き合う」習慣を身につけることが大切である。しかし、そのためには努力が必要である。

「暮らしの主人公は利用者であること」「利用者が自己決定すること」は大切だが、ともすれば忘れてしまいやすい。要注意である。

いったん話し合いで方向性を共有できても、それぞれの専門性や立場、考え方から疑問が出てくる場合もある。あらかじめ、そのようなときにすぐに話し合いができる仕組みをつくっておくことが大切である。

……あなたの職場はいかがですか？

第四話　会議での言い争い

厳しかった残暑もようやくかげりを見せはじめた。数人の利用者たちは、自由に出入りできるベランダで夕涼みをしていた。大きな橙色の太陽は、静かに、しかし、みるみる山の稜線に吸い込まれようとしている。顔も車椅子も白い壁も赤く染まりはじめていた。夕暮れどき、物干し竿に留まる赤とんぼは、お年寄りたちの郷愁をそそる。

「そろそろ食事に行きましょうよ。遅くなりますよ」

夜勤の江藤直美は、なかなか食事に来ない利用者数人を呼びに来た。江藤は、自分ではゆっくりとしか動かすことのできない、何かと介助を要する二人の車椅子をそれぞれ右手と左手で、リビングまで押していった。

早い利用者は、すでに食事を終え、自分の部屋にもどりつつあった。いったん部屋にもどった利用者は、洗面をし、早々と着替えやトイレをすませて、ベッドに横になる人もいるし、もう一度リビングに出て来て、プロ野球を観戦する人もいる。ただし、それは、洗面、着替え、トイレを自分でできる人に限る。三階のフロアは、全面的な介助を要する寝たきりに近い状態の利用者はいない。そのため、配置されている職員は必要最小限の人数である。しかし、ほとんどの利用者は、何らかの介助が必要で、食卓やテレビの前、自分の部屋などで順番待ちをしている。

江藤は、手際よく二人の利用者にエプロンをつけると、食べるように促し、コールのランプが点滅している部屋に向かった。トイレの介助依頼だった。食後は、どうしてもトイレに行く利用者が多い。江藤は、車椅子から便器への乗り移りを介助し、着衣を下げると、急いで手を消毒し、食卓にもどった。さきほどの二人の利用者は、ほとんど食事が進んでいない。ふと見ると、別の食卓では、柳田啓介が、やはり二人の利用者の間に座り、談笑しながら食事の介助をしていた。

江藤はすでにイライラしていた。今日は、遅出専門の須藤公子が休みで、ユニットリーダーの柳田が遅出に入っている。

(遅出が須藤さんなら、夜勤の私がこんなに動き回らなくてもいいのに……)

江藤はそう思った。須藤の仕事は手際がいい。しかも正確だ。かといって、機械的ではなく、利用者への態度には温かみがある。

再び、コールが鳴った。柳田は、点滅しているランプをチラッと見ただけで動こうとしない。江藤は、柳田を横目でにらみながら、部屋に向かった。トイレが終わったのである。後始末をし、着衣を上げ、便器から車椅子への乗り移りの介助をした。

「着替えの用意をしておいてくださいね」

そういうと、江藤は、手を消毒し、急いで食卓にもどった。相変わらず、江藤が介助していた二人の利用者は食事が進んでいない。

柳田のほうは終わったようである。まず、一人の利用者を車椅子からソファーへと乗り移るのを介助していた。このままプロ野球を観るらしい。そして、もう一人の利用者の車椅子を押しながら、部屋に向かった。

「江藤さーん」

江藤は名前を呼ばれて、声のほうに顔を向けた。

「トイレに行きたいから、車椅子に乗せてほしいのだけど……」

さきほど、柳田に、ソファーに乗り移りさせてもらった利用者、飯田雅夫さんである。飯田さんは、大の阪神ファンで、阪神戦がテレビ中継されているときは、欠かさず観戦している。

「今、ソファーに座ったばかりじゃないですか……」

「そうだけど、急にトイレに行きたくなった」

江藤は呆れた。

（どうして、柳田さんは、先にトイレに誘導しなかったんだ！）

江藤の呆れは、柳田への反感だった。仕方なく、ソファーから車椅子への乗り移りを手伝い、そのまま車椅子を押して部屋に向かった。トイレの介助をすませると、手を消毒し、再び食卓にもどった。江藤の表情は険しかった。二人の利用者は、何となく江藤の雰囲気を感じ取ったのか、江藤が、少し残っているおかずをスプーンに入れて口に運ぶが、「もう要らない」という。

「じゃあ、ごちそうさまですね。ゆっくりお部屋にもどって待っていてくださいね」

江藤は、そう言いながらエプロンを外し、配膳車に食器を片づけた。

江藤は実によく動く。本沢奈都子がこの春就職してから、よりその傾向が強くなった。江藤と組むと仕事が早く終わる。ただ、要領よく動くのはいいのだが、利用者とあまり話そうとしない。利用者が江藤に話しかけても、聴いているのか聴いていないのか、返事もしない。ずいぶん機械的な接し方に見える。この頃、江藤のそうした働きぶりが気になっていたのは柳田だった。ユニットリーダーとして、何度か注意をしようかとも思った。しかし、何かと江藤とは衝突することが多く、衝突を避けたい気持ちが強くてできなかった。

今日も柳田は、江藤の機械的な働きぶりが気になっていた。柳田には、江藤の動きが、たくさんの業務を時間内に要領よく終わらせようとしているようにしか見えない。いわば職員の都合を優先しているのだ。柳田は、その反動のように、いつもにもまして、あえて利用者と会話を楽しみながら食事や着替えなど一連の介助をしていた。暗に、江藤に注意を促そうという気持ちがそうさせたのかもしれない。

翌日朝、月に一度のユニット会議が行われていた。テーマは、「食事介助のあり方」だった。この頃、食事に介助を要する利用者が増えた。しかも、嚥下が難しい人も数人いて、食事にたいへん時間がかかる。今までは、結構幅をもたせて食事の時間を設定していた。それぞれの利用者の希望に応じるためである。しかし、特に夕食の場合、遅くに食べる利用者がいると、そのあとの就寝介助にまで影響を及ぼす。食事に介助を要する人は、同時に、洗面や着替え、トイレ、ベッドへの乗り移りなど、就寝までの一連の動作すべてに介助を要するからである。

司会はリーダーの柳田が務め、夜勤明けで会議のために残っている江藤をはじめ数名の職員が出席していた。フロア主任の小柴礼子も三階フロアの二つのユニット会議には必ず出席するようにしていた。

「江藤さんは、いつも職員の都合優先で介助のことを考えているようだけど、利用者さんの気持ちをもっと考えるべきじゃないですか？」

いつも思慮深く冷静な柳田が、少々感情的に江藤に言った。この頃の江藤の機械的な接し方が気になっていたのである。

「私だって、利用者さんの気持ちを十分考えた上で、手際よく仕事をしようと思っています。柳田さんは、手際よく仕事をすることなんか、何にも考えていないじゃないですか！」

江藤も負けずに言い返した。

「昨夜、飯田さんが言ってました。江藤さん、この頃怖いって……。トイレ動作を見守ってもらっている最中に話しかけたら、にらまれて、『つべこべ言ってないでさっさとしなさい』って叱られてるみたいな気持ちになったたって……」

「昨夜は、柳田さんが、食事のあと、飯田さんをトイレに誘導しないで、ソファーに座らせたからじゃないですか。先にトイレに行ってたら、ああはならなかったんです。私は、あのとき食事の介助をしてたんですよ。食事介助中に何度もトイレに行ったら、食事中の利用者さんに悪いじゃないですか！」

江藤は、その直前にもトイレ介助に行ったことを訴えていた。

とうとう柳田と江藤は言い争いになってしまった。柳田も相当頭にきているのか、珍しく声を荒らげた。先輩たちの言い争いを目の当たりにした島田省吾と本沢奈都子は、うつむいたまま顔を上げることができなかった。柳田は、立場を忘れて感情的になった。もはや司会として機能していなかった。

小柴主任の仲介

小柴は、スーパーバイザー養成研修で草加が説明していた、会議でのスーパーバイザーの役割を思い出した。草加によると、会議での司会とスーパーバイザーは、合わせて一〇〇の役割を担っているという。司会が八〇の役割を担えば、スーパーバイザーは二〇でいい。司会が二〇であれば、スーパーバイザーは八〇を担う。

（柳田さんが、司会として機能していない今こそ、私がカバーしなければいけない）

小柴は、そう思い、二人の間に入った。

「二人とも落ち着いて……二人とも熱心だから言い争いになるんだろうけど、お互い相手の非難はちょっと横に置いて、それぞれの考えを聴かせてもらおうかしら」

「すみません……」

柳田と江藤は、声をそろえるかのように言った。

「じゃあ、江藤さんから聴かせてもらおうかな……」

「はい、私は、もちろん利用者さんの話をよく聴き、それに応えることが大切だと思っています。でも、今日の会議のテーマの説明にあったように、この頃、食事に時間がかかる利用者さんが増えています。食事のあとは、トイレの介助も多いですし、特に、夕食のあとは、洗面や着替えなど、就寝の介助もしないといけませんので、手際よくやらないと、時間内に仕事が終わりません。時間内に終わらないと、引き継ぐ職員に迷惑がかかりますし、最終的には、利用者さんへの迷惑になると思うんです。ですから、利用者さんの希望に応えることを意識しながらも、手際よくやることを考えないといけないと思います」

「なるほど……じゃあ、柳田さんはどう？」

小柴は、江藤の考えを否定も肯定もしなかった。

「はい、僕は、この頃、何かと職員の都合が優先されて、利用者さんの気持ちや希望がないがしろにされているような気がしてならないんです。ゆっくり自分で食事をしたい人でも、早く終わらせようと職員が介助してしまっています。食事のあとにもいろいろな仕事がありますが、職員の無駄な動きが多く、手際が悪いように思います。機械的な仕事や事務的な仕事は、手際よくすませて、もっと、利用者さんの話をよく聴いて、それに応える必要があると思います」

「なるほど……今二人の話を聴いて思ったんだけど、二人の考え方は、順序が違うだけで、内容はよく似ているわねえ……」

小柴は、感想を言った。島田と本沢もうなずいていた。

「二人がどうして言い争いになったのかは、会議が終わってから個別にゆっくり聴きますので、この場では、『利用者さんの話をしっかり聴く』『利用者さんの気持ちに応える』『手際よく仕事をする』、この三つの課題を念頭に置いて、食事介助についての話し合いを進めることにしましょう。じゃあ、柳田さん、司会を続けてください」

小柴は、二人が落ち着いたことを確認し、柳田が司会として会議を再開するように促した。

会議は無事終わった。三つの課題について、特に具体的な方策が決まったわけではないが、話し合いによって、対人援助職として大切なことを再確認し、職員集団として共有することはできた。

その後、柳田と江藤が言い争いをすることはなかったが、何となく気まずい空気が漂っていた。小柴は、会議が終わってから、まず、夜勤明けで会議のために残っていた江藤を面談室に招き入れた。

「夜勤明けで申し訳ないけど、少し話を聴かせてくれない？」

「はい、明日は休みですし、今日はこれからゆっくりできますので大丈夫です」

「ずいぶん、柳田さんとやり合ったわねえ……どうしちゃったの？」

「以前にも、主任に話したことがありますが、私は、新人の頃、先輩たちからいじめかと思うような厳しい指導を受けていました。ですから、先輩たちには絶対に迷惑をかけてはいけないと思い、手際よく仕事をするように必死でした。ほかの職員への迷惑をかけることを気にする様子がみられない本沢さんが入職してからは、よけいに手際よく仕事をしようと意地になっていたように思います」

「まだ、本沢さんのことを気にしてるのね……」

「以前、主任に話を聴いてもらってからは、だいぶ冷静になってはいるんですが、まだ自分の中では解決していません。でも、これは、私自身の問題なんです」

「あなた自身の問題？」

「はい、本沢さんは、優秀な人ですし、すぐに嫉妬してしまう私の性格の問題なんです。でも、これは、時間をかけて自分で整理してみます」

「そう、それじゃ今は、本沢さんのことには触れないようにするね」

「ありがとうございます」

「柳田さんとはどうなの？」

「柳田さんとは、以前からよく衝突していますが、これもやっぱり性格の違いから来ているように思います。彼はちょっと気が弱くて自信なさそうなところがあるでしょ。私は、ついイラッとして、よけいなことを言ってしまうんです」

「よけいなこと？」

「はい、つい自信なさそうなところを責めてしまうんです。でも、彼は、ほとんど言い返さないので、トラブルに発展することはないのですが……」

小柴は、会議での柳田の感情的な発言は、江藤に対して溜めていた不満の爆発だったのかもしれないと思った。

「昨夜の飯田さんのトイレ介助のことで、柳田さんと言い争いになってたわねえ」

「実は、昨夜は飯田さんのトイレ介助の前から、いろいろとあって、私、イライラしてたんです」

江藤は、ベランダに数人の利用者を呼びに行ったこと、二人の利用者の食事介助をしながらも、コールに呼ばれてトイレ介助に行ったこと、それを横目に、柳田が、楽しそうに談笑しながら食事介助をしていたこと、遅出が須藤なら自分はこんなに動き回らなくてもいいと思ったことなどを話した。

「昨夜は、そんなことがあったのね」

「でも、柳田さんが指摘されたとおり、利用者さんへのかかわりが機械的になっていたのは事実だと思います。反省しています」

「反省してるのね。このあと、柳田さんの話を聴こうと思ってるんだけど、あなたの気持ち伝えてもいい？」

「そうですね。私が言うと、また、ついよけいなことを言ってしまうかもしれないし、今はちょっと気まずいですので、主任から伝えてください」

「わかったわ」

「ありがとうございました」

江藤は、落ち着いた気持ちで帰路に着いた。

*

「さっき、江藤さんの話を聴いてみたんだけど、自分でも、利用者さんに機械的なかかわりをして反省してるって言ってたよ」

「そうなんですか……会議のときとは違って、素直に認めたんですね」

小柴は、柳田の話を聴いていた。

「ところで、柳田さんは、江藤さんのことどう思ってるの？」

「この頃、江藤さんの機械的な仕事ぶりが、とても気になってたんです。気になり出すと、悪いところばかりが目についてしまって……リーダーとして、彼女と話し合わないといけないと思ってたんです。でも、彼女とは、何かと衝突することが多くて、話そうと思うと構えてしまい、言い出せませんでした」

「言い出せなかったから、彼女への不満が溜まってたのかなあ……」

「そうかもしれません。でも、リーダーとして彼女に何も注意できなかった自分にもイライラしてたんです」

「そうだったの……」

「今日は、そのイライラさえも江藤さんのせいにしてしまってたような気がします。会議では言わないといけないという気負いがあって、日頃から溜まっていたものが、一気に噴火したような感じです。司会であることも忘れて、感情的になってしまいました。反省しています。でも、主任のおかげで本当に助かりました。ありがとうございました」

「そんなお礼はいいんだけどね、私の役割だから……。江藤さんが言ってたけど、いつも柳田さんは、江藤さんに責められても言い返さないんだって？」

小柴は、少し迷ったが、二人の橋渡しをするためにも、江藤から聞いたことを柳田に伝えてみた。

「彼女、そんなこと言ってましたか……」

「言い返さないから、トラブルに発展しないって……」

「そうですか……そういえばそうですね。僕が言い返さないからトラブルに発展しない……でも、トラブルに発展しないのは結果であって、本当は言い返したくても言い返せないんです」

「以前、言ってた、あなたの子どもの頃の体験が影響してるのかな？」

「それはどうかわかりませんが、リーダーとして、きちんと役割を果たせていないので、彼女が責めることは間違ってないんです」

「間違ってないから言い返せないの……」

「たぶん、そうだと思います」

「ということは、柳田さんは、リーダーとしてやらなければいけないとわかってるのに、できてないって思ってるのね。それはしんどいわねえ……」

「自分でも情けないです」

「リーダーをしていることは、すごく負担なの？」

「負担といえば負担なんですが、この頃、主任がよく話を聴いてくださいますし、いつも後ろから見守ってくださってるように思いますので、今のところ大丈夫です」

「そうなの……私は、主任としてリーダーのバックアップをするのが仕事だし、これからも何かあったら、相談にきてちょうだい」

「はい、ありがとうございます。じゃあ、仕事にもどります」

小柴は、このユニットがよくなっていくためには、柳田がリーダーとして成長し、同じ中堅である江藤とうまくかみ合っていく必要を強く感じた。

問題解決に向けて……草加准教授による解説

草加です。今回は、「食事介助のあり方」というテーマで行われた会議で、利用者へのかかわり方をめぐって、司会の柳田さんと江藤さんが言い争いになりました。整理をしておきましょう。

会議の進行を支える

司会者が、自分の意見を主張しはじめると、会議は前を向いて進みません。つい司会の役割を忘れて、意見を主張することに気持ちが傾いてしまうからです。

小柴さんは、柳田さんが司会の機能を果たしていないと判断し、即座に介入しました。このとき、小柴さんは、スーパーバイザー養成研修の一コマを思い出していました。

私が、司会とスーパーバイザーの役割分担について講義をしたのは、事例検討会におけるスーパービジョンについて実際に演習を行っているときでした。受講者から提出された事例について検討をしたのですが、一回目の事例検討会では、私が司会とスーパーバイザーの二役をし、進め方のモデルを提示しました。二回目は、受講者に司会役とスーパーバイザー役をそれぞれ一人ずつ決め、進めていただきました。私は、事例検討会からは外れ、見守っていました。

二回目のときに、司会とスーパーバイザーの役割分担について説明したのです。飛び抜けて専門性の高い実力のあるスーパーバイザーがいる場合は、完全に「助言者」として成り立つかもしれません。しかし、実際には、経験年数には差はあるものの、専門性を考えると、さほど実力の差がない中で、主任やリーダーといった役割を与えられている場合がほとんどです。ですから、今回の登場人物を例にすると、小柴さん（スーパーバイザー）と柳田さん（司会）が、お互いに補い合って、合わせて一〇〇の進行をするということが大切です。そこでは、お互いに、論点を外していないか、時間配分は大丈夫かなどを管理し合います。また、司会の説明が不十分な場合は、スーパーバイザーが補足をします。スーパーバイザーが説明したことを、司会が要約したり繰り返したりしながら確認し、参加者に改めて周知します。このように、司会とスーパーバイザーがお互いに補い合いながら一〇〇の進行をします。

司会があたると、「うまく進められるかなあ」とドキドキしますよね。負担を感じます。進行の責任が分担されると気持ちも楽になるものです。もし、「スーパーバイザー」という名称に抵抗があれば、「司会」と「サブ司会」というように役割の名前をつけてもいいかもしれません。

ここでは、二人で一〇〇の進行をするという方法を紹介しましたが、いずれにしても、日頃から、司会が機能しないときの対策を職員全員で申し合わせておくなど、一人の司会だけに任せないで、全員で支える体制をつくっておきたいものです。

当事者の考え方を確認する

会議の場での意見の衝突はよくあります。お互いに譲らずに、自分の主張をすると、いつまでたってもかみ合いません。ところが、柳田さんと江藤さんのように、結局同じようなことを考えている場合も結構あるのです。お互いが理想をふまえつつ、現実的に何が可能なのかを考えると、具体的なことはともかく、大きな方向性については、よく似た考え方になるのです。それにもかかわらず、何かがかみ合わず、言い争いになってしまいます。

かみ合わない原因は、感情的なところからくる場合が多いのですが、今回、小柴さんは、会議の場ではそのことに触れず、まず、二人の考え方を確認しました。その結果、よく似ていることがわかり、会議をこのまま進めるほうがいいと判断したのです。もし、よく似ていなかった場合でも、それぞれの考え方を確認し、違いをみなで共有します。その違いについて話し合うことが議論のポイントになるのです。

二人の考え方を確認せず、感情的なもつれそのものに介入していたらどうでしょうか。個別面談のような時間が流れ、ほかのメンバーは置き去りにされてしまいます。時間の制約があるにもかかわらず、会議が前を向いて進みません。また、柳田さんも江藤さんも、みなの前ですから、個人的な気持ちは話しにくく、気まずい空気をつくることになるのではないかと思います。

そう考えると、小柴さんは、たいへん賢明な判断をしたことになります。

会議が終わってから対応する

会議が何とか無事に終わっても、当事者同士の感情的なもつれを解決しないことには、今後も必ず同じようなトラブルが起こります。そこで、会議が終わってから当事者の話を聴くなどの対応をすることが必要になります。

二人一緒に話を聴くのがいいのか、個別に聴くのがいいのか、一概には何ともいえません。そのときの判断です。いずれにしても、小柴さんのような第三者が橋渡しをし、感情的なもつれをほどくような対応が求められます。

小柴さんが話を聴くと、つまり、柳田さんも江藤さんも、小柴さんに自分の気持ちを話すと、自分自身の感情の出どころや、言い争いの背景には何があったのかを確認することができました。つまり、自己覚知の入口に立つことができたのです。そして、冷静に自分がやったことを振り返ることができるようになりました。感情的になっている状態では、自分を正当化するために、とにかく相手を責めるしかないのです。それでは、いつまでたっても感情的なもつれは解決しません。

今回の物語は、小柴さんが、柳田さんと江藤さんが自己覚知の入口に立つところまでを導き、その橋渡しをしたところで終わっています。おそらく小柴さんは、二人とも自分の力で、相手を理解しようという自己覚知の大切な段階にステップアップしてくれるだろうと信じていたのではないかと思います。

第四話のポイント

会議の進行を全員で支える

司会者がトラブルの当事者である場合はもちろん、そうではない場合も、司会者一人の力で進めることは難しいときもある。会議進行の責任を二人で分担し、お互いに補い合う。もしくは、司会が機能しないときにどうするかをあらかじめ申し合わせておく。

当事者の考え方を確認する

言い争いになると、まずそれぞれ当事者の考え方をよく聴き、確認する。結局考え方はよく似ている場合もある。似ていなくても、その違いについて話し合うことが議論のポイントになる。当事者の仲裁をするあまり、他のメンバーを置き去りにしたり、会議の進行を妨げたりしない。

会議が終わってから対応する

感情的なもつれを解決するために、個別にするかどうかはそのときの判断だが、会議が終わってから話を聴くことが大切である。そして、自己覚知の入口に立てるように導くとともに、当事者の橋渡しをする。

……あなたの職場はいかがですか？

第五話　管理職同士のトラブル

この頃、放課後になると、小学校のグラウンドから、和太鼓の音が聞こえてくる。子ども会による和太鼓の演奏は、秋祭りのプログラムとしてすっかり恒例になった。本番を一週間後に控え、練習にも熱が入るようだ。風の向きによって大きくなったり小さくなったり、しかし、リズミカルな和太鼓の響きは聞いていて心地いい。

秋祭りのメイン会場は、N園に隣接する市が管理する公園である。公園の広場には、ビール箱と合板でつくられた舞台が設置され、いろいろな出し物が繰り広げられる。「ご長寿池」の畔には、例年、地域の自治会が一〇店ばかりの店を出すことになっている。

当日は、N園も地域の住民に開放される。温泉街を思わせる新館と旧館の間には、N園でも店を出し、利用者たちがつくった人形や袋類などの小物、手づくりクッキーなども売ることになっている。とはいっても、店の切り盛りは職員や家族がせざるを得ない。また、今年は、二年目の島田省吾の発案で、利用者の孫やひ孫にも来園してもらって、餅つき大会をすることになった。

新館一階のデイサービスセンターにも舞台が設置され、メイン会場とは時間をずらして、詩吟や民謡、合唱など、利用者たちが日頃趣味活動として取り組んでいることを披露する。壁には、書道や絵画なども張り出され、家族や地域の人たちに観てもらうことになっている。秋祭りは、地域とN園が一体となった一大イベントなのである。

秋祭りが近づくと、多くの利用者たちはソワソワする。家族が一同にやってくるからだ。森本良也施設長に代わってから、行事のたびに積極的に家族に案内を出すようになり、家族に何らかの役割を担ってもらうようにもなった。そのため、家族の来園は大幅に増えた。

ただ、それをこころよしとしない利用者や家族もいる。ほとんどすべての利用者は家族にきてもらいたい。しかし、天涯孤独で家族のいない利用者もいる。家族はいるが、N園からの案内には無視を決め込んでいる家族もいる。遠方に住んでいるため、来ることができない家族もいる。そうした利用者にとってはつらい気持ちもあるが、森本施設長は、地域に根ざした、家族と一体となった施設運営を目指していた。特に、家族がいない利用者や、家族の面会がない、また、少ない利用者には、職員や地域のボランティアに対して「家族のような配慮をしてほしい」と常々口にしていた。

この日も利用者たちは、発表の練習を終え、夕食まで思い思いの時間を過ごしていた。相変わらず、和太鼓の心地よい響きは続いている。開け放たれたベランダから、小さなコオロギが一匹迷い込んだ。のどかなひとときである。

この日の夕食の時間には、半年間という長期にわたって怪我で休んでいた介護支援課長の谷口和代が、復帰のあいさつに訪れることになっていた。

「みなさん、ずいぶんご心配をおかけしました。明日、半年ぶりに復帰することになりました。最近、入所された方は、はじめましてですね。谷口和代といいます。足の手術をして、リハビリのために自宅での療養が長引いてしまいました。みなさんよりはちょっと若いですが、回復が遅れたのは年のせいなのかもしれません。でももう大丈夫です。これからガンガン仕事に励みますね」

谷口は、力強い挨拶をした。谷口和代は、介護支援課長、五八歳、小柴礼子の上司である。Ｎ園が二一年前に開設されてから、ずっと勤めてきた最も古株の職員だった。いわば、生き字引のような存在で、Ｎ園の沿革は知り尽くしている。職員に対しては、強いリーダーシップを発揮し、何かと影響の大きい人だった。

三か月ほど前、まだ梅雨は明けていないが晴天が続く七月上旬のことだった。小柴は森本施設長に呼ばれ、施設長室を訪れた。

「先日、相談があるって言ってたことですがね……」

小柴はすぐにピンときた。スーパーバイザー養成研修の二日目が終わって施設長室を訪れたときに言われていたことだった。

「小柴さんは、スーパービジョンの必要性を身にしみて感じたっておっしゃってたでしょう。私も、小柴さんを中心として、職員同士が支え合い育て合う仕組み、つまりスーパービジョン体制を整えたいと考えているのです」

「それはいいですね……」

これは、以前も聞いたことがある。

「あなたが、研修の二日目を終えられたときに提出された復命書に、今後施設で取り組みたいことが書いてありましたね。具体的に進んでいますか？」

「まだ、職員集団を高めていくことや、組織としての取り組みにまでは踏み込めてませんが、個々の職員を理解し育てるために、しっかり話は聴いています」

小柴は、研修の二日目を終えたときに、三つの目標を定めた。一つめは、個々の職員、特に新人の本沢奈都子を育てること。二つめには、フロアの職員集団を集団として育てるために、職員間のコミュニケーションを豊かにすることや、特に、柳田啓介をリーダーとして育てること。三つめには、組織全体の取り組みとして、具体的な方策を整理し、施設長の命令という形をとることであった。

「職員の話をしっかり聴きはじめていかがですか？」

「草加先生の受け売りになるかもしれませんが、ずいぶん職員によって、ものの考え方や捉え方、性格や価値観が違うんだなあって改めてわかりました。その違いによって、いろいろなトラブルが起こっています」

「いろいろなトラブル……」

「はい、いろいろ職員同士のトラブルが起こりますが、今までは、表面的にしか捉えてなくて、その場を収めているだけだったように思います。それに、トラブルの原因はとっても根が深く、当事者自身も気づいていない、整理できていないことから起こっているような気がします」

「なるほど……小柴さんは、当事者が自分で気づき、自分で整理できるように話を引き出す、つまり話を聴こうとしてるんですね」

さすがに、森本施設長は飲み込みが早い。

「そのとおりです。それが、個々の職員の成長や、やがては職員集団としての成長につながるような気がします」

「そうですね……私も施設長として、小柴さんのお手伝いをしようと思っています」

「私のお手伝いですか……」

「組織としての取り組みについて、施設長として提案したいということです。小柴さんが復命書に書いていた『施設長命令』と捉えていただいていいでしょう。来月から、今年度末の来年三月まで八か月ほどありますが、その間、職員のみなさんには研究をしてほしいと思っています。具体的には、リーダー以下の職員には、原則として二人一組でテーマを決めて研究をしていただきます。各フロアの主任と看護師には、それぞれ、業務改善と人材育成についての中・長期的な案をつくっていただきます。名付けて『ステップアップ研究会』です。三月には、その報告会をフロアごとにするつもりです」

森本は、整理した計画書を見せながら、具体的に小柴に説明した。

「これ、私、大賛成です！」

「賛成していただけてよかった。職員の組み合わせをどうするか、研究テーマをどうするかは、小柴さんにお任せしますが、それはよろしいですか？」

「はい、それで結構です」

「じゃあ、ほかの部署との調整も必要なのですが、小柴さんのフロアで、モデル的にはじめてほしいと思います。来週の主任会議で、ほかの主任たちには私が説明します。今月いっぱいが準備期間、来月からはじめるということでいいですね。ただし、谷口課長が復帰するまでは、仮の事業としまず。課長が復帰して相談をした上で、改めて本格的に実施しますが、それは、私と課長との調整の問題なので、現場ではははじめてもらって結構です」

「わかりました」

こうして、「ステップアップ研究会」はスタートした。

「あなたたち、何やってるの？　そんなところで座って話し込んでる時間があったら、利用者さんの部屋にでも行ってコミュニケーションを取らないとダメじゃないの！　あれ、本沢さん、今日は休みじゃなかったの？」

柳田啓介と本沢奈都子が、いつものようにリビングの片隅で研究会をしていると、谷口がやってきて言った。谷口は、職場復帰して二日目だった。

「施設長からの課題で、空き時間を見つけて研究会をしてるんです」

「私は、ちょうど休みだったので、柳田さんに合わせて勉強しにきたんです」

柳田と本沢が答えた。

「勤務中に空き時間なんてないでしょ！　それに、休みの日に出勤するなんて、何ということですか……柳田くんは、すぐに職務にもどりなさい！」

谷口は、信じられないといった口ぶりだった。柳田と本沢は困惑した。

小柴は、谷口課長の大きな声が聞こえてきて、詰め所から顔を出すと、しばらく三人のやりとりを見守っていたが、不穏な空気を感じ、思わず駆け寄った。

「課長、私から説明します。ここではよくないので、詰め所までお願いします」

小柴は、森本施設長から、「ステップアップ研究会」と称して、主任をはじめ全職員に課題が出ており、リーダー以下は原則として二人一組で研究すること、業務に支障のないように空き時間を活用すること、年度末には報告会を実施する予定であることなど、施設長の指示について説明した。

谷口は、全職員に課題が出ていることは、昨日の引き継ぎで聞いていたが、具体的な内容までは聞いていなかった。小柴は、施設長の指示は、職員が専門的知識を身につけることや業務の合理化などが目的であり、職員の資質向上とスーパービジョン体制の構築につなげていくものであることもあわせて説明した。

小柴主任の仲介

「研究はいいけれども、現場の職員が勤務中にそんな暇あるはずないでしょ！　これから施設長のところに行ってきます！」

谷口は、たいへんな剣幕で施設長室に向かった。嫌な予感がした小柴は、谷口について行った。廊下では、車椅子に座った数人の利用者が、不思議そうな顔で二人を眺めていた。

「森本さん、あなたは、勤務中に研究会をするように、職員に指示を出したんですか？　現場の職員にそんな時間があるはずないじゃないですか！」

案の定、谷口は森本に向かってまくしたてた。谷口は、森本よりも年上であり、N園での勤務年数もはるかに長い。公の立場としては、谷口は森本の部下になるが、谷口の気持ちの中では、必ずしもそうではなかった。N園が開設されて以来の職員であるという自負が強かった。

「私は、以前から現場職員に専門的な知識が欠けていることを危惧していました。それに、この頃は人材不足で、資格をもたない、介護はまったくはじめてだという人も入職しています。そこで、リーダー以下の職員には二人一組で研究をするように指示を出しました。また、歴史のある施設ですので、あとからあとから付け足されて業務が煩雑になり、ずいぶん無駄があるように感じていました。そこで、主任や看護師には、業務の合理化案と人材育成案をつくるように指示を出しました。小柴主任にスーパーバイザー養成研修に参加してもらっているのもその一環です。でも、これは試行段階で、谷口さんが復帰したら相談し、その上で本格的に実施しようと考えていたところです」

森本は、努めて冷静に説明しようとした。ところが、谷口は、冷静になるどころか、ますますエスカレートしてきた。向こう側に座る森本を威嚇するかのように両手をテーブルにつき、上体を少しかがめてかみついた。小柴は、谷口の後ろに控え、固唾を呑んで二人を見守っていた。

「私には、森本さんのような立派な経歴はないけれど、N園を知り尽くしています。今まで、そのつど最もよいと思う方法を模索してきました。確かに専門的な知識が不足している職員もいるかもしれませんが、経験で補えるように指導してきたつもりです。五〜六年目の職員は、すでに後輩や資格をもたない職員たちに指導できる力があるはずです」

「私は何も……」

森本の言葉を遮り、谷口は続けた。

「森本さんは、介護現場にいたことがないからわからないかもしれませんが、介護現場に空き時間などありません。少しでも時間があれば、利用者と接するようにするのが、N園の方針でした。今日、本沢さんは、休みなのに出勤していましたが、研究が業務ならば、それもおかしいのではないでしょうか。ただでさえ忙しい現場です。休みの日はきっちり休ませてあげるべきです。それに、人間相手の仕事に『合理化』というのもおかしくないでしょうか……」

いつも穏やかで冷静な森本も、谷口のまくし立てるような口調と態度に感情を隠しきれなくなった。一見、お互い言葉づかいは丁寧なものの、感情的になっていることは傍目にもよくわかる。一五分ほど続いただろうか。当人たちは議論のつもりだが、後ろで聞いている小柴にとっては、口論としかいいようがなかった。

小柴は、どこまで行ってもかみ合いそうもない森本と谷口の「議論」に不安を感じた。

（このままだと、現場職員が混乱するだけだ）

そう思った小柴は、思い切って提案した。

「話の途中、申し訳ありません。少し聞いていただけませんでしょうか……。谷口課長がおっしゃるとおり、休みの日の出勤は好ましくありません。職員には、休みの日には出勤しないできっちり休むように徹底します。ただ、職員の研究会や、私や看護師の宮本さんの業務合理化案や人材育成案の作成は、少しずつですが、進んでいます。これらについては、来月中間報告をしますので、それまでは、このまま続けさせていただけませんでしょうか。

研究会の時間確保については、確かに問題があると思います。フロア会議とユニット会議で、このことについて、改めて話し合ってみます。これも来月報告します。その報告をもとに、施設長と課長で話し合っていただけませんでしょうか……」

冷静な小柴の提案に、森本と谷口は我に返った。感情的な「議論」をしていたことに気づいたようである。

「小柴さん、醜いところを見せてしまいました。申し訳ない……」

森本と谷口は、そろってコクリと頭を下げた。

問題解決に向けて……草加准教授による解説

草加です。今回は、現場の職員にとって最もやっかいな問題の一つともいえる管理職同士のトラブルが起こりました。管理職同士のトラブルは、必ず現場に混乱をもたらします。しかし、多くの場合、現場の職員にはどうすることもできません。今回の場合、あの小柴さんですら、今までのようにすぐに話を聴いて、森本施設長や谷口課長の自己覚知を促すことなど、立場上できるはずもありませんでした。では、整理をしておきましょう。

対立の背景に潜む問題がある

森本さんは、長年病院で医療ソーシャルワーカーとして働いていました。医師などの医療職と対等にわたり合うために、専門的な知識を身につけようと研究に励みました。いわゆる学究肌です。ソーシャルワーク系の学会でよく研究発表をされており、私も以前から森本さんのことはよく知っていました。森本さんがつくる資料は、理論や証拠に裏付けされており、しかも理路整然としているので、たいへん説得力のあるものでした。業界では有名な話です。そうした実力がある上、医療系の専門職や行政にもまれた長年の医療ソーシャルワーカーとしての経験を有しているということで、医療、保健、福祉分野での処世術にも、いい意味で抜群のものがありました。そこで、前の施設長が退任する際、法人理事長が、森本さんに白羽の矢を立てたのでした。

森本さんは、五年前、施設長に就任し、すぐに多くの現場職員に専門的な知識が欠けていることに気づきました。介護現場にも専門職制度が導入されて久しくなります。ですから、ほとんどの職員は、介護福祉士やホームヘルパーなどの資格を有しています。それにもかかわらず、経験と勘だけに頼る多くの職員を目の当たりにして、森本さんは、「何とかしなければいけない」と思いました。しかし、就任早々、そんなことを言い出すわけにもいきません。施設長として、N園を経営する法人事務局とのいろいろな調整や対外的な仕事に忙殺され、対策を講じる時間がなかったというのも現実です。

タイミングがよかったのか悪かったのか、時間的なゆとりができたとき、ちょうど谷口さんが思いがけない事故で怪我をし、長期の休みに入りました。森本さんとしては、N園の生き字引であり、何かと職員への影響力が大きい、経験主義の谷口さんが長期の休みに入ったことで、現場に指示を出しやすかったというのが本音でした。

谷口さんが、まず、引っかかりを感じたのは、森本さんの本音の部分でした。森本さんが谷口さんに本音を語ったわけではありませんが、谷口さんは感じ取ったのです。「自分がいない間に……」という感情が先行しました。そして、今まで課長として業務を整理してきたという自負がありましたので、自分の仕事をあとからやってきた森本さんに否定されたような気がしました。それでますます感情的になりました。

表には出てきませんでしたが、対立の背景には、このような問題が潜んでいました。

対人援助職に理論と技術は欠かせない

さて、介護職に限りませんが、対人援助の仕事には理論と技術が不可欠です。理論は、専門職の共通言語になります。共通言語（理論）でもって知識を積み上げ、経験を通して技術に落とし込んでいく。これが理論に裏付けされた専門技術です。

専門技術なしで成り立つ対人援助職はあり得ません。歴史をさかのぼると、宗教家が慈悲の心で事業を展開していた時代もありましたが、今は、人々のニーズも社会構造も多様化複雑化し、専門技術なしでは解決に至らない時代です。ですから専門職制度が導入されたわけです。

理論を身につけていると、相手が利用者であれ、家族であれ、ほかの職員であれ、ほかの専門職であれ、ほかの組織の人であれ、とにかく人に説明しやすいのです。理論的に説明すると、相手は、「なるほど」とわかってくれます。ですから、勉強や研究を重ね、理論を身につけ、経験を通して専門技術に落とし込んでほしい。私が、スーパーバイザー養成研修で受講者に最も伝えたいことの一つでした。

小柴さんは、それを肌で感じ取っていました。おそらく森本さんのねらい通りだったのだと思います。研修三日目の振り返りで、小柴さんは、理論的に説明できるようにどのような勉強をすればいいかを質問していました。私は、大学や学校で使う教科書ではなく、実践に照らし合わせながら理論の解説をしている数冊の本を紹介しておきました。そして、本を読むことと、自分の日頃の仕事を、毎日数分でいいから本をもとにチェックすること。つまり、「今日は、これはできた。これはできなかった。明日はこれをやってみよう」という振り返りをし、目標を立てることを提案しておきました。

冷静に話し合うための環境を設定する

どのような場合も、感情的になっている状況での話し合いはよくありません。小柴さんは、とっさに森本さんと谷口さんが、冷静に話し合う環境を設定する必要を感じました。「来月まで待ってほしい」と申し出たのはそのためです。少し時間をおくことで、二人の管理職に冷静になってもらい、その間に必要な資料を整えようと思ったのです。

研修三日目では、それぞれの受講者が、それぞれの職場で実践したスーパービジョンについて、報告をし、情報交換を行いました。その中で、小柴さんのグループでは、業務の合理化が話題に上っていました。人相手の仕事をいかに合理化するのか……たいへん難しい問題です。しかし、森本さんも指摘されているとおり、あとからあとから付け足されて業務が煩雑になり、ずいぶん無駄なことをしている場合もあるのです。長い間習慣としてやっているが、改めて考えると、これはなくてもいいのではないかといった業務も結構あるものです。小柴さんは、森本さんと同様、業務の合理化についてもその必要性を感じていました。

理論や技術を身につけなければいけない理由、業務の合理化案をつくる手順など、理論や証拠に裏付けされた論理的に説明できる資料を用意することが、冷静に話し合うための環境設定の一つになるはずです。そもそも森本さんが、そうした資料づくりのエキスパートなのですが、今回のトラブルの当事者ですし、小柴さんは、主任の立場としてつくることができる資料もあると思いました。また、つくらなければいけないと思いました。それを材料として、二人の管理職が、冷静に話し合ってほしかったのです。

今回は、管理職同士の対立が起こりましたが、これはたいへん難しい問題です。管理職の方々には、現場の職員や利用者への影響を考え、同じ方向を向いて一丸となっていただきたいものです。

第五話のポイント

対立の裏側に潜む問題を探る

理論と技術を身につけるために研究する

冷静に話し合うためには環境を整えることが必要である

部下にとっては、相手が管理職の場合、自己覚知を促すようなかかわりはしづらいものである。管理職は、そうしたことも念頭に置き、管理職同士の対立が起きないように、自分自身で、しっかり裏側に潜む問題を探ってほしいものである。

現場職員にとって、「研究」は苦手かもしれない。苦手ではなくても、業務としてする義務がなければしていないかもしれない。理論的な勉強をし、自分の業務を理論的に整理するだけで研究になる。それは確実に実力をつけることにつながる。複数の職員が一緒に研究をすると、お互いに育て合うことにもなる。

感情的になった場合は、冷静になるために少し時間を置く必要がある。そして、それぞれ自分の立場でできる資料づくりをする。それは、感情を文章にしたものではなく、論理的に書く。論理的な資料をつくるためには、理論や証拠による裏付けが必要である。

……あなたの職場はいかがですか?

第六話　よい風潮づくり

今年の初霜は例年よりやや早い。日が昇ると暖かくなるのだろうが、こういう日に限って、早朝は冷え込む。白い息を吐きながら、介護支援課長の谷口和代が自転車で出勤してきた。

まず新館三階フロアの全室を訪れ、利用者と職員にあいさつをする。次に二階フロア、そして旧館の三階と二階をぐるりと巡り、旧館一階の課長席に落ち着く。施設長や課長などの管理職や主任は、基本的に日勤なので、八時三〇分からの勤務なのだが、谷口は、職場復帰して以降、毎日のように一時間も早く出勤し、施設を巡ることを日課としている。

「金本さん、毎朝精が出るわねえ……」

谷口が、新館三階フロアを訪れると、金本千代さんは、いつものようにベランダに舞い込んだ落ち葉を掃いていた。

「これが私の楽しみなんですよ」

入所当初は、ふさぎ込んでずっと部屋にこもっていたが、二か月ほど前からは、何かが吹っ切れたのか、もともとの性格なのか、何かと人の世話を焼いたり、施設の雑用をしてくれるようになった。表情も明るくなった。

左片麻痺なので、右足で車椅子を動かし、右手でほうきをもって器用に掃く。新館三階のベランダには、手が届きそうなほど近くにまでイチョウの木の枝が張り出し、ベランダは、この頃毎日、さも黄色い絨毯を敷き詰めたかのようになる。金本さんが一人で掃くには、とても追いつかない。また、両手を使うことができないので、ゴミ袋に一人で入れるのは困難である。金本さんは、朝食の時間になると、集めた枯れ葉をそのままにして食事をする。朝食後には、出勤してきた掃除の「おばちゃん」、山田雪枝が続きを行う。金本さんと山田の連係プレイはなかなかのものだ。山田も心得たもので、毎朝のように、朝食後、自分の部屋でゆっくりしている金本さんを訪れ、「落ち葉は片づけておきましたよ」と声をかける。

山田雪枝、六二歳。途中数年のブランクはあるが、トータル一五年間ほどN園に勤務している。清掃専門のパート職員である。谷口に次いで古い。新館ができた二年前には、清掃も含めて建物管理を業者に委託するようになったので、現在の山田の雇い主は、その業者ということになる。

山田は、小柄で、ややぽっちゃりとしていて、顔は大福のように丸い。それでいてよく働く。そして、とにかくよく笑う。山田の行くところ、笑い声が絶えない。これほど天真爛漫なおばさんがいるのかと思う。四つほどしか年の違わない谷口にはともかく、主任の小柴以下若い職員には、「おばちゃんが、しといたからね」などと声をかけてくれる。自分のことを「おばちゃん」と言い、職員も「おばちゃん」と呼ぶ習慣になっているので、名札をつけていなかったら、本当の名前がわからないところだ。

山田は、N園のお年寄りたちにも人気があった。「あんたの笑い声聞いてたら元気になるわ」と一緒に笑っている利用者は多い。古くから入所している数人の男性利用者が、「あんたも年とったなあ。若い頃はかわいい顔しとったのに、ずいぶんしわくちゃになってきた」などと、自分がしわくちゃになったことは棚に上げ、山田をからかっている光景もよく見かける。

そんな山田に、谷口は幾度となく助けられた。この一〇年、谷口は、主任、主任と課長の兼務、課長という役職を歴任してきた。谷口は、強いリーダーシップを発揮する、何かと職員への影響力が大きい最も古株の職員である。若い職員にすれば少々怖い存在なのだ。怖そうな上司には、なかなか相談しにくいものである。ご多分に漏れず、谷口に対してもそうであった。

谷口が、この一〇年最も心を痛めていたのは、自分には何の相談もなく、突然辞めて行く職員が多かったことである。純粋に体調を崩して辞めて行く職員もいたが、自分と反りが合わずに辞めていった職員も多かったように思う。それは、なんとなく周囲の空気で感じ取ることができた。「またか……」と思いながら、自分の無力さに落ち込む。かといって、谷口には相談相手がいなかった。

谷口の上司は施設長だが、先代の施設長は、行政からの天下りで、事なかれ主義の権化のような存在だった。何かにつけ、ややこしい問題にはかかわりたくないのだろう。のらりくらりとかわされ、谷口にとっては相談にならない相手だった。現在の森本施設長は、五年前、四七歳でN園にやってきた。若くて、学究肌で、話には説得力がある。次々と新しい提案もし、N園は活気づいてきた。しかし、谷口にしてみれば、森本は六つも年下である。N園での経験もない。N園を知り尽くした谷口が悩みを相談できる相手ではなかった。また、学究肌というのは、経験を重視する谷口にとって、少々やりにくい相手でもあった。

そんな谷口は、落ち込んだとき、それとなく山田に相談してみるのだった。山田は難しいことを言わない。純粋に話を聴いてくれる。その聴き方は決して上手ではないが、まるで、一人で訪れたお寺で正座して、時間がたつのも忘れ、仏様に胸の内を聴いてもらっているかのように、すべてを語らせてくれる。そして、最後には、決まって「和ちゃんなら大丈夫！」と、ポンと肩を叩いて励ましてくれる。和代だから「和ちゃん」なのだが、ほかの職員には絶対聞かせたくない。二〇年近いつきあいの山田は、それをよくわかっていて、人前では呼ばないことにしている。

職員をリードする三人の申し合わせ

「この間は、あなたのおかげで助かったわ。あなたが間に入ってくれなかったら、森本施設長と大げんかになるところでした」

谷口は、小柴に礼を言った。

「いえいえ、とんでもありません。その後いかがですか？」

「冷静に考えると、森本さんの考えはもっともだと思ったわ。専門的な知識って、現場では学校のように勉強する機会があまりないじゃない」

「確かにそうですよね。私もスーパーバイザー養成研修が四日間修了した今、そのことを強く感じています」

谷口と小柴は、施設長の森本が、職員に課した課題について振り返っていた。

「ところで、今日は、課長にご相談があって、ユニットリーダーの柳田さんと一緒に参りました」

「どうしたの、改まって……」

「実は、ここのところ、といっても半年ぐらい前からでしょうか。私のフロア、特に柳田さんのユニットでは、職員同士のトラブルが目立っています。何かご助言をいただけたらと思いまして……」

小柴礼子と柳田啓介は、江藤直美と本沢奈都子の感情のもつれ（第一話）、島田省吾の言葉づかいから、須藤公子が若い職員に呆れを感じたこと（第二話）、介護職員と看護師の宮本香江との専門性の違いから起こったトラブル（第三話）、柳田自身と江藤が会議でやりあったこと（第四話）などについて報告した。そして、小柴は、そのつど表面上は収まるが、未だに火種がくすぶっているような雰囲気があることを補足して説明した。

「それに、私と森本施設長とのトラブルもあったわね……」

「いえ、それは……」

谷口は、ついでのように森本との口論について触れたが、小柴は返事に困ってしまった。

「今、あなたたちの話で、名前が二回出てきた江藤さんだけどね……」

谷口は、真剣な表情で話しはじめた。

「彼女が新人の頃、彼女のフロアは殺伐としていてね、先輩たちからいじめのような指導を受けてたのよ」

「はい、江藤さん自身から聞いたことがあります」

「先輩たちにとって、彼女はイライラのはけ口だったのね。でも彼女は、自分が未熟だからだって、ずいぶん頑張って仕事をしたの。彼女は、とても真面目で一生懸命だった。彼女のフロアの主任を兼務していた私は、そんな彼女を守ったのよ。会議で仕事ぶりをほめたし、行きすぎの指導をする先輩たちをけん制したし……でも、今考えると、その対応は間違っていたように思うの……」

「間違っていたんですか……」

小柴は、相づちを入れながら、谷口の話を聴いていた。

「そう、先輩たちは、私の目があるから、江藤さんをいじめることができなくなって、かといって、私は怖いし、イライラの矛先を私に向けることとなんてできないでしょ。結局、先輩たちは、私と反りが合わず、みんな辞めていったわ。私は、江藤さんだけではなく、みんなを守らないといけなかった。でもね、今考えても、どうしたらよかったのかわからないのよ……」

谷口は当時の様子を思い出しながら、小柴と柳田に話した。

「そんなことがあったんですか……課長もずいぶん悩まれたんでしょうね」

「こう見えても、私だって結構悩むのよ……」

「ところで、江藤さんには、先輩にきつく指導された感覚が残っていて、無意識のうちに自分が指導されたように、本沢さんを指導してるんじゃないでしょうか……」

小柴は、研修で、草加が言っていた、「先輩や上司に育ててもらったように、後輩や部下を育てること」、それは、「母親が子どもを育てるときに、子育てのモデルになるのが自分の育てられ方であることと似ている」といった世代を超えた連鎖についても併せて説明した。

「僕もそう思います。僕が最初に配属されたフロアは、比較的穏やかな先輩ばかりで、人間関係のストレスをあまり感じなかったんです。改めて思えば、無意識のうちに、先輩たちが僕にかかわってくれたように、僕は本沢さんや島田くんにかかわっているような気がします」

しばらく黙っていた柳田が言った。

「先ほど、介護職員と宮本さんのトラブルの話をしましたけど、あのとき宮本さんは、かつて救急救命センターで教え込まれたことが、利用者さんへのかかわり方の基礎になっているとおっしゃってました」

小柴は、宮本との話し合いを思い出しながら話した。

「僕も、須藤さんから聞いたんですけど、島田くんの言葉づかいが許せないのは、ご両親のしつけや学生時代のクラブ活動の影響だとおっしゃってました」

小柴も聞いていたことだが、柳田は、小柴の話を受けて、須藤の話を聴いたときのことを話した。

「あなたたちの話を聴いていると、何か法則のようなものがあるようね。今まで自分がかかわってもらった感覚や身をもって覚えた感覚が、人間関係を営む基礎になっているんじゃないかしら……」

「今まで、かかわってもらったようにかかわる。育ててもらったように育てるってことですね。でも、私の場合は、研修を受けて、ほかの職員へのかかわりが、以前とだいぶ変わってきました。ですから、あとからでも、人間関係を営む基礎を変えることができるような気がします」

小柴は、この数か月の自分自身の体験を振り返っていた。

「研修を受けてどう変わってきたの？」

「はい、相手の言葉や態度の背景には、何があるのかについて関心をもつようになりました。たとえば『この人は、どうして私が腹立たしく思うことを言うのだろう』といった感じです。その背景をよく聴くようにしています」

「みんなが、小柴さんのように相手とかかわることができるようになれば、トラブルは少なくなるわねえ。私が一番見習わないといけないわ……」

谷口は首をすくめた。

「僕は、トラブルが起こったときに、小柴主任に何回も助けられました。それに、そのつど、自分自身を振り返ることができました。そのときは、『さすが主任』と思っただけなんですが、これからは、小柴主任が僕にかかわってくださった感覚を思い出して、相手とかかわったらいいんですね」

柳田は、何かをつかんだように、いい表情をしていた。

「ところで、さっき課長は、『みんなを守らないといけなかった』っておっしゃってたでしょ。職員同士のトラブルを防ぐ、人間関係をよくしていくヒントがそこにあるような気がするんです」

「どういうことかしら？」

「みんな違いがあるから、お互いに自分の主張をしてもかみ合いません。かみ合わないから、お互い腹立たしくなってしんどくなるんですよね。みんなを守るために、私たちが率先して、『なぜそう思うのか』をよく聴いていったらいかがでしょうか。それを徹底していくと、その風潮が生まれるような気がします。そうすると、自分のことばかりを主張して、かみ合わないからお互いしんどくなるという悪循環が、よい循環に変わるような気がするんです」

「なるほどね。私にできるかどうかわからないけど、努力してみるわ。柳田くんはどう？」

「自信はありませんが、小柴主任の僕へのかかわり方が、この頃はいつも感覚として残ってますので、それを頼りにしたいと思います」

施設をリードしていく三人の申し合わせができた。小柴は「きっとうまくいく」と自信を深めた。柳田はすぐにでも、後輩である本沢や島田にかかわりたいと思った。谷口は、「自分にできるかなあ……まあ、ボチボチやるか……しかし、優秀な部下をもったもんだ」と、何とも微妙な苦笑いを浮かべていた。そんな三人が新館にもどってきたのを山田が迎えていた。森本施設長が、その光景を微笑ましく眺めていたことには、誰も気づかなかった。

問題解決に向けて……草加准教授による解説

草加です。今回はトラブルの物語ではありません。トラブルを解決することによって、今後、それぞれの職員や職員集団が成長していく下地をつくった、課長の谷口さん、主任の小柴さん、リーダーの柳田さん、つまり職員集団をリードする三人の話し合いの物語でした。では、整理しておきましょう。

管理者や上司に相談をもちかける

小柴さんは、職場復帰した谷口さんのところに、柳田さんを連れて行き、相談をもちかけ、話し合う機会をつくりました。

まず、谷口さんに相談をもちかけたことには、大きな意味がありました。スーパーバイザー養成研修の四日目、小柴さんたち受講者は、「どのように管理者や上司の理解を得るか」をテーマに話し合いました。多くの受講者が、研修四日目ということで、お互い気心が知れ、何を言っても非難されないという安心感が芽生えていたのでしょう。ずいぶんストレスを感じている本音の一つとして、「管理者（上司）が理解してくれない」と愚痴をこぼしていました。愚痴大会で終わっては意味がないのですが、受講者たちは、その愚痴をお互いに受け止め合い、「じゃあどうすればいいのか」について、前向きに話し合いました。

そこで、「管理者や上司に、部下として相談をもちかけるほうがいいのではないか」という意見が出てきました。もちろん、進言することも大切なのですが、相談をもちかけるという姿勢のほうが、管理者や上司に敬意を表すという意味で、有効ではないかと思います。考えてみれば、「○○するべきではないですか」よりも、「困っていますので相談に乗ってください」とお願いするほうが、管理者や上司も気持ちよく話を聴いてくれるのではないかと思います。

小柴さんの場合は、まずは、谷口さんに相談するべきだと感じていました。何かと職員への影響力が大きい谷口さんに理解してもらい、谷口さんが率先して動くことができれば、職場全体によい風潮が生まれるのではないかと思っていたのです。おそらく、先日の施設長の森本さんと谷口さんが言い争った場面を目の当たりにして、そう感じたのでしょう。

リーダーを育てる

次に、ユニットリーダーである柳田さんを谷口さんのところに連れて行ったことにも大きな意味がありました。小柴さんは、数か月前、島田さんの言葉づかいを巡って、柳田さんと須藤さんとの間にトラブルが起こったとき、柳田さんに対して、須藤さんと島田さんの話を聴くように提案しました(第二話)。それが概ねうまくいっているのを見ていましたので、柳田さんが、これまで以上にリーダーとして役割を果たし、現場の中心として、率先してよい風潮づくりをするように育てようと思いました。この話し合いで、柳田さんは、小柴さんや谷口さんとのつながりを感じることができたのではないでしょうか。

何かと、主任である小柴さんに頼ることが多かった現場職員ですが、リーダー以下の職員が、自分たちでトラブルを解決することができるようになれば、より強いまとまりのある職場集団に成長していくと思います。

相互作用で情報を共有する

小柴さんと柳田さんは、谷口さんにこれまで起こったトラブルについて報告をしました。それを聞いて谷口さんは、江藤さんが新人の頃、先輩たちからいじめのような指導を受けていたこと、みんなを守りきれず自分自身が悩んだことを思い出しました。

谷口さんがそのことを話すと、小柴さんは、研修で学んだことを交え、江藤さんの世代を超えた関係の連鎖について話しました。それを受けて柳田さんも自分自身の関係の連鎖を思い出しました。さらに小柴さんも宮本さんの話を、柳田さんは須藤さんの話をしました。

話し合いをすると、このようにメンバー同士の相互作用が起こります。誰かが発言すると、他のメンバーは何かを感じたり思い出したりして発言するということが繰り返され、情報が深まり共有されるのです。ここに複数のメンバーが話し合うことの大切さがあります。

小柴さんは、もともとそのことをよく知っていたのかもしれませんが、私は、あえてスーパーバイザー養成研修で、グループ演習のあと講義として話しました。私たちは、日頃から感覚で感じ取っていることでも意識化されていないことが多く、あえて言葉にして整理すると、「なるほど、そういうことってよくある」と認識されるのです。

小柴さんが、柳田さんを連れて谷口さんに相談をもちかけた背景には、こうした相互作用で情報を共有しようという意図があったのかもしれません。

対人援助の職場は、慢性的に忙しく、話し合いの時間を確保することが難しい現状がありますが、相互作用で深く情報を共有することができるというよさを認識して、仕組みとして時間の確保をしてほしいものです。

世代を超えたよくない関係の連鎖をよいものに変える

ところで、第一話の解説でも少し触れた、関係は世代を超えて連鎖するということについて、角度を変えて改めて解説しておくことにします。

思い起こしてみれば、誰もが思い当たることだと思います。かつて上司や先輩から受け容れられたように後輩を受け容れる、支えられたように支える、話を聴いてもらったように話を聴く、といった現象が起こっています。逆に、上司や先輩から受け容れられなかったように後輩を受け容れない、支えられなかったように支えない、話を聴いてもらえなかったように話を聴かないという負の連鎖も起こっているのです。こうして組織は継続していきます。

世代を超えた連鎖は、日常生活でいくらでも起こっています。母親が自分を育ててくれたように子どもを育てるというのは、典型的な例だと思います。

このような話をすると、よく次のような意見が出てきます。「私は、先輩から冷たく突き放されて育てられ、嫌な思いをしました。後輩にはそのような思いをさせたくないので、優しく受け止めながら育てようと頑張っています」

これは、先輩を反面教師として、そうならないように意識して頑張っているということです。「反面教師」とは、かつて中国の毛沢東が発案した言葉ですが、「悪い見本として反省や戒めの材料となる物事。また、そのような人」を指します。意識して頑張ると、反面教師とすることが可能なのですが、意識しないと、つい自分自身が悪い見本になってしまいます。

また、意識をしていても、第一話で江藤さんが話していたように、「できるものなら、私は、新人の頃、先輩には、優しく丁寧に仕事を教えてもらいたかったんです。だから、本沢さんには、そうしないといけないと思うんですが、つい、『私は厳しく育てられたのに、この子は何よ！』って思ってしまうんです」といったことが起こってしまいます。

こうした現象が起こりますので、反面教師が可能になるように、今の人間関係を温かく受容的でよりよいものにしたいものです。そうしないと、柳田さんのように、新人だった頃、先輩たちがみな比較的穏やかで、人間関係のストレスを感じなかった経験をしていても、その感覚を忘れてしまいます。

小柴さんは、自分自身、研修で同じ受講者仲間とよい人間関係を築いた経験から、あとからでも、人間関係を営む基礎を変えることができるような気がしました。同じように、江藤さんのようにかつてつらい人間関係を経験してきた職員も、今、そしてこれからの人間関係を温かく受容的なものにすることで、変わっていくのではないかと考えました。ですから、「自分たちが率先して、『なぜそう思うのか』をよく聴く」ということを提案したのです。

第六話のポイント

管理者や上司に相談をもちかける

管理者や上司に進言することも大切だが、謙虚に、相談に乗ってもらうという姿勢も忘れてはいけない。それを可能にするためにも、研修などで知り合った外部の人や組織内の職員同士で、愚痴を受け止め合う人間関係を経験し、冷静に管理者や上司と向き合う下地をつくることも大切である。

リーダーを育てる

現場の職員が、自分たちでトラブルを解決していくためにも、現場の職員の中にリーダーを育てる必要がある。しかし、「リーダーなんだから」と突き放すのではなく、一緒にやっていこうという姿勢が上司には求められる。

相互作用で情報を共有する

メンバーの相互作用で、より深く情報を共有できるところに話し合いのよさがある。慢性的に忙しい対人援助の職場では、話し合いの時間が十分に取れない現状がある。しかし、そのよさは、職場の人間関係づくりには欠かせないものであることを認識し、仕組みとして確保したい。

世代を超えたよくない関係の連鎖をよいものに変える

関係は世代を超えて連鎖するが、つらい人間関係を経験した人も、今の人間関係で、よいものに変えることができる。逆に、よい人間関係を経験した人も、今の人間関係がよくなければ、その感覚を忘れる。

……あなたの職場はいかがですか?

第七話　劣等感の克服

「ゆっくり過ごしてきてくださいね。よいお年を……」

片岡綾乃さんは、職員たちに送り出され、満面の笑みで帰って行った。この正月は、長男家族と、昨年嫁いだ孫娘家族と、総勢七人で温泉旅行に出かけるという。はじめてのひ孫が生まれたときに、孫娘の婿が提案して実現することになった。何とも心優しい婿である。片岡さんは、半年も前から楽しみにしていた。

正月は家族と過ごしたい。お年寄りたちは、誰もがそれを望んでいる。しかし、N園の利用者は、家族と一緒に暮らすことができない事情を抱えている人たちばかりで、なかなか思い通りにはいかない。確かに、一週間近く、息子や孫に囲まれて年末年始を自宅で過ごす人もいる。娘家族と墓参りや初詣、食事に日帰りで出かける人もいる。しかし、最も多いのは、家族の面会はあるものの自宅への外泊も外出もできないで、ずっと施設で過ごす人たちである。なかには、家族だけで海外旅行に出かけ、面会すらない人もいる。金本千代さんのように天涯孤独で思いを馳せる家族すらいない人もいる。

数日前までは、クリスマスツリーが飾ってあり華やいでいたが、満面の笑みを残し、片岡さんが帰っていったリビングは、何となくさびしげな雰囲気が漂っていた。数人の利用者がいたが、テレビの音だけが耳につく。昼間は、どのチャンネルも、正月準備の気ぜわしい世間の様子を映し出すか、賑やかなバラエティ番組をやっていた。

いつも威勢のいい飯田雅夫さんも、トレードマークである阪神タイガースの帽子こそかぶっているものの、何となく元気がなかった。もうすぐひ孫、娘夫婦にとっての初孫が生まれそうだということで、飯田さんの帰省どころではないらしい。今回の年末年始は、N園でおとなしくしていることになっていた。

「飯田さーん、ちょっと散歩に行きますか?」

島田省吾が、いつものようにおどけた調子で声をかけた。島田なりの気づかいだった。

「おお、島田さんか。そうだな、行ってみるか。いい天気だしなあ……」

「いい天気だけど、その格好ではねえ……」

飯田さんは、さっそくエレベーターに向かおうとしたが、建物の中は暖かく、薄着をしていた。

「これでは寒いか。年の瀬だもんな……上着を取ってくるから、ちょっと待っててくれ」

飯田さんは、右手と右足で器用に車椅子をこいで、部屋に上着を取りに行った。

「金本さんも散歩行く？」

島田は、リビングでうたた寝していた金本千代さんの肩をポンと叩いて訊いてみた。

「ん？散歩？」

「飯田さんが散歩に行くから、一緒に行く？」

「飯田さんねえ……あの人やかましいからなあ」

「まあまあ、そう言わずに……金本さんも上着取りに行こ」

島田は、半ば強引に、金本さんの車椅子を押し、部屋に連れて行った。飯田さんと金本さんは、いつも島田を孫のようにかわいがってくれる。「お調子者だ」と、あまりいい顔をしない利用者もいるが、その調子のよさが、二人には合っているらしい。

「柳田さん、これから飯田さんと金本さんと、公園を散歩してきます」

島田は、詰め所にいた柳田啓介に声をかけた。

「了解！気をつけて……三時までにはもどってくださいね」

三時からは、入浴だった。


パート勤務の須藤公子と看護師の宮本香江は、何かと気の合う者同士だった。プライベートでもときどき一緒に食事をしたり、子ども連れで遊びに行くような仲だった。

「この頃、柳田くん、しっかりしてきたと思わない？」

「あなたもそう思ってたの。私もそう思ってたの。私たちユニットの職員の話をよく聴いてくれるようになったし、何かとてきぱきと判断できるようにもなってきた感じがするの。何もできない気の弱いお坊ちゃまだと思ってたけど、見直したわ」

医務室で宮本に話しかけられた須藤は答えた。

「それに比べて、島田くんはダメねえ……」

「ほんと。愛想がいいのはいいけど、ちょっとチャラチャラしすぎ。本人は気をつけているらしいけど、相変わらず言葉づかいはなってないし、態度は大きいし。金本さんや飯田さんにかわいがってもらっているのをいいことに、ますます調子に乗ってるみたい……」

「そうね、さっきもうたた寝してた金本さんを起こして、無理矢理外に連れ出してたわ。金本さんは、気のいい人だし、島田くんがお気に入りだから、怒りもしなかったけど、それを見てたら、私が嫌な気持ちになったわ」

二人が話していると、突然、島田が医務室の前を小走りで通り過ぎた。島田は、散歩から帰り、入浴の準備のため、風呂場に行こうとしているところだった。二人は、ギョッとして顔を見合わせた。

「島田くん、今日は、金本さんや飯田さんと散歩してたけど、どうだった？」

いつものように柳田が、勤務が終わった島田に声をかけた。六月（第二話）以降、柳田は毎日のように島田に声をかけるようにしていた。

「どうもないっすよ」

昼間はあんなに愛想がよかったのに、人が変わったようにそっけない。

(急にどうしたんだろ……)

柳田は、そのまま通り過ぎていく島田の後ろ姿を目で追いながら、首をかしげていた。

次の日もその次の日も、島田は愛想が悪く元気がなかった。いつも元気に愛嬌を振りまいている島田の急な変化に、利用者たちも心配しはじめていた。

「島田さんは、この頃元気がないようだけど、何かあったのかしら……」

大晦日、金本さんが、遅出で出勤してきた本沢奈都子に声をかけた。

「どうしたのでしょうね……」

本沢は、とっさに答えようがなかった。

柳田による面談

見るに見かねた柳田は、島田を別室に招き入れた。大晦日の今日は、かなりの介助を要する利用者がみな帰宅しており、職員の業務には少々ゆとりがあった。

「この頃どうしたの?」

「何もないです……」

「何もないことないでしょ。島田くんが元気ないから、職員もそうだけど、利用者さんたちも心配してるよ」

「そうですか……すみません」

島田は、柳田に促され、とつとつと話し出した。

「この間、金本さんと飯田さんと散歩に行った日のことですが……お風呂の準備をしようと、医務室の前を通りかかったときでした。宮本さんと須藤さんが僕の悪口を言い合っているのを偶然聞いてしまったんです。陰口のつもりだったんでしょうが、結構大きな声だったので、部屋の前を通りかかると聞こえてきたんです」

「そんなことがあったの……」

「僕は、子どもの頃から、人がどのように自分を評価しているのかをすごく気にしてしまう性格でした。そんな自分が嫌で仕方がないのですが、どうすればいいかわからなくて、直接何も言われないように、人と打ち解けてかかわることを避けるようになりました。

利用者さんに対しては、仕事だと割り切って、努めて明るく接しています。少し乱暴な言葉をつかってみたり、先輩に注意されてもあっけらかんとしていて、何も気にせず、愛嬌を振りまくというのは、僕が理想としている姿なのかもしれません。そんな姿を演じていました」

柳田は、主任の小柴礼子がいつも話を聴いてくれるように、相づちを打ったり、要点を整理したり、繰り返したりしながら、島田の話を引き出した。

「でも、本当の僕の姿は、自分でも嫌になるほど繊細で神経質なんです。以前、須藤さんに言葉づかいを注意されたときは、その後あえて明るくふるまうことで、自然に気にならなくなったのですが、今回は、そんなふるまいもできないほどひどく落ち込んでいます」

「そうなの、意外だなあ……島田くんが、繊細で神経質で、人の評価を気にするようにはとても見えないなあ」

「そんなことないんですよ。本当は、すごく繊細だし臆病なんです」

「そう見えないようにふるまうことができるのは、僕の理想だな……」

柳田は、島田を再認識した。自分も人の評価をとても気にし、注意されないように相手の顔色をうかがうところがある。そういうところは島田と似ているのかもしれない。

「僕の場合は、人に嫌われるのが怖くて、言葉づかいにとても気をつかってしまうんだ。だから、人に注意もできない……注意できないから須藤さんに叱られたこともあったけど、注意したら嫌われるような気がするし、どうしたらいいかわからず、本当に困るんだ。そんなときは、明るくふるまうとか、あっけらかんとするどころか、誰に対しても何も言えなくなってしまう。これは僕の劣等感。だから、島田くんがとてもうらやましい」

「うらやましいなんて……」

「僕と島田くんは、本質的にはよく似ているねえ。でも、島田くんは、自分が理想とする姿を演じることができるのがすごい。僕にはとてもできないことだよ」

本質的には同じような要素をもっていても、自分を防衛する手段がずいぶん違う。柳田は、新しい発見をした気分だった。

「柳田さんは、とても相手の気持ちを読み取ろうとされるし、思慮深く行動されるじゃないですか。僕にはとてもできないことで、そんな柳田さんがうらやましいんですよ」

「僕の場合は、相手の気持ちを読み取るとか思慮深いというより、『こうすれば、相手はこう感じるだろうから、こうしないでああしよう』って、ひとり相撲をしてる感じかな……相手の顔色をうかがっているだけだよ」

「悪く言えば、相手の顔色をうかがっていることになるのかもしれませんが、それは、もって生まれた柳田さんの思いやりじゃないですか……」

柳田と島田は、心の内を出して話し合った。すると、不思議なことに、それぞれ自分の嫌なところが、相手にとってはうらやましいことだということがわかってきた。つまり、自分では欠点だと思っていても、相手が指摘してくれた角度から見ると、それは長所なのである。なかなか、自分だけでは、理想とする自分から現実の自分を引き算してしまい、その答えの大きさで劣等感に陥る。しかし、柳田と島田のように、お互い長所に見える角度を指摘し合うと、不思議なもので、「自分もいいところがあるのではないか」と思えてくる。

ほんの二〇分ほどの間だったが、二人は急速に打ち解けた。

「柳田さん、ありがとうございました。柳田さんに話を聴いてもらっているうちに、スッキリしてきました。柳田さんにも劣等感があって、僕のことがうらやましいって言ってくださったことにはビックリしましたけど、このままでもいいかなって思えました。だから、何か吹っ切れたような気がします」

「僕もそうだよ。島田くんの話を聴くつもりだったけど、逆に聴いてもらったような気がするなあ……」

「そんなことないです。今日は、柳田さんがとても身近に感じられました。今までは、無理して一人で愛嬌を振りまいて、孤独なピエロのような気がしてたんです。でも、これからは、ほかの職員さんとも打ち解けることができるような気がします」

「それはよかった……。僕もスッキリしたよ。宮本さんと須藤さんには、僕から陰口をやめるように、それとなく言っておこうか？」

「いえ、何も言わないでください。あのとき、僕が医務室の前を小走りで通り過ぎたのを見て、二人は『しまった』と思っているはずです。これからは、毎日、僕のほうから二人に愛想よく話しかけてみるつもりです。そうすることで、二人とも気にしなくなるでしょうし、陰口も言わなくなると思います」

「それはいいね。わかった。僕からは何も言わないことにするよ」

「よろしくお願いします」

「ところで島田くん、あの日、飯田さんと金本さんを散歩に誘ったのは、島田くんの気づかいだったんだろ……」

「柳田さんは、わかってくださってたんですね……ありがとうございます」

「それと、今日は僕に対して、丁寧な言葉づかいをしてるじゃないか」

「僕だって、本当は丁寧な言葉づかいができるんですよ」

柳田と島田は、笑顔で握手をして、それぞれの仕事にもどって行った。

柳田は、この出来事を小柴に報告しようかどうか迷ったが、今回は、島田、宮本、須藤が、自分たちで問題を解決することができると信じ、報告しないことにした。

問題解決に向けて……草加准教授による解説

草加です。今回は、陰口を偶然聞いてしまった島田さんが、ずいぶん落ち込みましたが、柳田さんとの面談で、元気を取りもどした物語でした。柳田さんにも気づきがあったようです。では、整理をしておきましょう。

劣等感を感じる

柳田さんも島田さんも、ずいぶん劣等感を感じているようです。自分が理想とするようなすばらしい人を見ると、その人に嫉妬したり、劣等感を感じたりします。このあとの第八話に登場する江藤さんにもそういうところがありますが、どうやら人というのは、ほかの人がよく見えれば見えるほど、自分がみすぼらしく思えてくるようです。

劣等感を感じやすい人というのは、ほかの人の長所を見て、自分の欠点と比べてしまうのかもしれません。実は、その相手のすばらしさの中に、自分がこうありたいという理想を見ているのです。島田さんの場合は、理想の自分を演じていました。柳田さんは、理想の自分を演じることができること自体が理想だと言っていますが、島田さんには、おそらく今までの人生で、モデルとなるようなすばらしい人がいたのでしょう。それは、ひょっとしたら実在する人物ではなく、ドラマや漫画の主人公だったかもしれません。その人が、島田さんに大きな影響を与えたのです。

しかし、自分が抱いている理想から、現実の自分を引き算すると、自分の欠点や問題点しか見えてきません。これが劣等感につながるのです。そうすると、劣等感から身を守る方法として、引き算をしない、つまり、人の長所と自分の欠点とを比べないということが考えられます。

誰が見ても生活上不利な条件をもっている人がいます。歩けない、目が見えない、耳が聞こえないなど、身体上に表れる障害は、わかりやすい例かもしれません。しかし、客観的に生活上不利な条件をもっている人は、みな劣等感を感じているかというと、決してそんなことはありません。劣等感は、きわめて主観的な感覚で、客観的な事実とは無関係なようです。

人は誰でも、意識無意識にかかわらず、自分の理想を追い求めています。人は生きている限り、それをやめません。ですから、人と人との間に立つ「人間」である以上は、劣等感を感じるということは避けられないのかもしれません。

プラス思考に転換する

島田さんのように、理想とする自分を演じることで、劣等感から身を守る人がいます。これは、自分にもほかの人にも見えないように、自分の劣等感を覆い隠す行為で、人生の課題から目を背けようとしているのです。宮本さんと須藤さんに陰口をたたかれたときに、ついに覆い隠すことができなくなってしまいました。これでは、劣等感から身を守ることができません。また、ほかの人を見下すことで劣等感を解消しようとする人もいます。しかし、この場合も、ほかの人のほうが明らかに優秀で見下すことができなくなったとき、自分を守ることができなくなってしまうのです。

どのようにすれば劣等感から自分を守ることができるのか。さきほど、引き算をしない、つまり、人の長所と自分の欠点とを比べないということを示しました。どうすればそれが可能になるのでしょうか。

一つの具体的な方法として、柳田さんと島田さんのような会話が考えられます。この二人は、何も意識せず偶然ですが、お互いに、自分にはない相手の長所に見える部分を指摘し合いました。私は研修で、「プラス思考への転換」というテーマで、よくこれをやっています。まず、個人作業で、一〇本のアンダーラインを引いたワークシートに、自分の欠点だと思うことを書き出してもらいます。一〇個以上あれば、裏に書いてもかまいません。次に、三人のグループになって、一人ずつ自分の欠点をほかの二人のメンバーに紹介します。ほかの二人は、「それは欠点ではなく長所だ」という観点から「なぜ長所だと思うのか」を考えてその人に伝えます。

たとえば、島田さんのように、「繊細で臆病な自分を隠そうと、努めて明るくふるまおうとしてしまう」という欠点は、柳田さんから見れば、「明るくあっけらかんとふるまうという理想的な姿を演じることができている」となるわけです。柳田さんのように、「嫌われないように相手の顔色をうかがい、ひとり相撲をしてしまう」という欠点は、島田さんから見れば、「もって生まれた思いやり」ということになるのです。

研修でよく出される欠点に次のようなものがあります。「自分は軽率で、つい思ったように行動してしまう」「自分は何をするにも考えすぎて、なかなか一歩が踏み出せない」。この二つの欠点は、お互いにうらやましい長所なのです。前者は、「行動力がある」ということになりますし、後者は、「慎重で軽率な行動をしない」となるのです。

そんな自分を受け容れる

このように、欠点というのは、違う角度から見れば長所になるのです。自分だけではなかなか気づかないのですが、ほかの人からそれを指摘してもらうと、「なるほど」と思えるところも結構あるものです。このことによって自分を受け容れるきかっけをつかむことができることがあります。

この物語は、自己覚知を一つのテーマとして展開していますが、自己覚知の入口である自分のことを知ることの次の課題が、「そんな自分を受け容れる」ということなのです。嫌な自分や情けない自分と向き合って劣等感を感じてばかりでは、他者に関心を向けることはできません。

今回、柳田さんは、島田さんの話を上手に聴くことができました。それが結果として、両者に深い気づきをもたらしました。つまり、相乗作用で、二人とも自己覚知が深まることになりました。その背景には、柳田さんが、小柴さんがいつも話を聴いてくれるように島田さんの話を聴いたという、今までの小柴さんの柳田さんへのかかわりがありました。どうやら、うまく連鎖していったようです。

今回、解説では触れませんでしたが、宮本さんと須藤さんが、プライベートでも仲のいい関係だったこともあって、職場で同僚の陰口をたたくという軽率な行為をしたこと、また、そうした行為を誘発してしまう雰囲気が職場内にあったのかもしれないという課題は残っています。しかし、N園には、確実によい連鎖が起こりはじめました。

第七話のポイント

劣等感は感じるものである

プラス思考に転換する

そんな自分を受け容れる

人間は、ついほかの人の長所と自分の欠点を比べてしまう。自分はこうありたいという理想をその人のすばらしさの中に見いだしている。しかし、人間は、常に理想を追い求めるため、劣等感を感じることを避けることはできないのかもしれない。

自分では欠点だと思っていても、ほかの人から見れば長所かもしれない。必ず、そのように見える角度がある。一人では難しいので、仲間と複数で、長所を指摘し合うといい。

自分を受け容れることは、自己覚知の一つの課題である。自己覚知を深めるためにも、ほかの人から、自分の短所を長所だと指摘してもらうと、「なるほど」と思えるところも結構あり、そんな自分を受け容れるきっかけをつかめることがある。

……あなたの職場はいかがですか?

第八話　無意識のうちの支え合い

雪玉が命中した。後頭部が真っ白になった子どもは、仕返しをしようとしゃがみ込み、新しい雪玉を丸めている。周囲を見ると、ほかの子どもたちもみな体のどこかが雪にまみれている。始業時間に間に合うのだろうか。集団登校の子どもたちは大はしゃぎである。また一つ命中した。それを窓越しに眺めているお年寄りたちも、心なしかはしゃいでいるように見えた。

ほとんど雪が降らない地方の人たちは、たまに雪が積もると何となくワクワクする。もちろん、仕事などの関係で支障があるとき、積もらないことを願っている大人は多いが、子どもたちは、一様にはしゃぎたくなるものだ。

右のほうに視線を移していくと、「ご長寿池」がポッカリと黒い口を開けていた。とはいっても、陰鬱な印象はまったくない。広場は一面真っ白の世界である。周囲の木々には、綿のようにもっこりと、黒々とした枝を包み込むように雪が積もっている。それらの白と黒のコントラストが何とも美しい。毎朝犬の散歩をしているおじいさんも、ジョギングをしているおばさんたちも、どうやら今朝は中止にしたようだ。まだ足跡は一つもなく、静かで清らかでけがれのない神聖な空気さえ感じる。

数年に一度しか雪が積もらないこの地域は、交通機関が麻痺していた。シャンシャンシャンと大きな音を鳴らしながら、タイヤチェーンを巻いた路線バスがゆっくり走っている。もう何分遅れだかわからない。電車はようやく復旧したばかりだった。

今朝は、早出の江藤が時間通り七時に出勤できず、夜勤明けの本沢が、一人で奮闘していた。すると、日勤であるはずの柳田が、一時間も早くやってきた。朝起きると雪が積もっていたため、いつもバイクで通勤している江藤が時間通りに出勤できないのではないかと思い、急いでやってきたという。江藤の到着とほぼ同時だった。

この頃、柳田のこうした配慮や行動が頻繁にある。よく声もかけてくれる。そのため、特に、新人の本沢や二年目の島田は、気持ちよく仕事することができていた。今まであまり感じることはなかったが、柳田が何かにつけ後ろで見守ってくれているような気がして、安心できるようにもなった。その影響が利用者たちにも及んでいる。穏やかな表情を見れば明らかである。これほどまでに、職員の気持ちのゆとりや、職員同士の気持ちのつながりが、利用者に影響を及ぼすものなのかと、本沢や島田は、驚くばかりであった。

この日は遅い起床になるかと思われたが、柳田の応援で、朝食の時間には何とか間に合った。ところが、厨房の職員が、やはり時間通りに出勤できず、お年寄りたちは、朝食ではなく待ちぼうけを食わされていた。

「柳田さん、本沢さん、すみませんでした。もっと早く起きて二本早いバスに乗っていたら、間に合ったのに……柳田さん、早く来ていただいてありがとうございました」

人一倍人に迷惑をかけることが嫌いな江藤は、本当に申し訳なさそうな顔をして謝った。

「いやいや、去年の暮れにスタッドレスタイヤを新調してね。雪道をさっそうと走ってみたかっただけだよ」

柳田は、さりげなくそう言うと、やっと届いた配膳車に向かった。お年寄りたちは、すでにみな席に着いていたが、誰も文句を言わず待っていた。江藤は、泣きたい気持ちだった。

谷口課長による面談

介護支援課長の谷口は、さすがに今日は自転車で通勤できず、長靴を履いて二キロの雪道を歩いてやってきた。N園のあたりは坂が多い。去年の冬、足に大怪我をしたばかりなので、冷や冷やものだったという。しかし、何とか勤務時間には間に合った。ちょうど、施設長の森本が、玄関前の雪かきをしているところだった。

谷口は、小柴や柳田との話し合い（第六話）以降、努めて職員の話を聴くようにしていた。そして、週に一度は、三人で話し合いの場をもつようにし、職員関係の動向についても情報交換をしていた。そのたびに、谷口は、小柴や柳田のほうが、話を聴く技術や態度に優れていること実感し、自信をなくすのだった。そして見習わなければいけないと思った。

昼近くになり、広場や玄関脇に積み上げられた雪はほとんどそのまま残っていたが、車が往来する道路の雪はすっかり解け、交通機関は正常にもどっていた。昼食はいつもどおりの時間に出され、遅出の須藤もいつもどおり出勤してきた。

早出勤務を終えた江藤が、突然谷口のもとを訪れた。

「どうしたの、江藤さん……」

「……」

「泣きそうな顔してるじゃない。まあ、そこに座って」

江藤は、案の定、座ったとたん泣き出した。

「ここじゃ、いけないわね。応接室が空いているから、行きましょ」

谷口は、江藤を応接室に招き入れた。

「何かつらいことがあったのね。よかったら聴かせてくれる？」

少し落ち着くのを待って、谷口は優しく問いかけた。

「はい、実は私、この仕事向いてないんじゃないかと思って……」

「……もう少し詳しく話してくれるかな？」

「この頃、私のユニットは、柳田さんを中心にすごくまとまってきているような気がするんです。私以外は……。本沢さんは、以前から利用者さんの話を聴くのは上手なんですけど、仕事の要領もよくなってきました。島田さんの言動には、この一か月ほど、利用者さんだけではなく、私たち職員への思いやりも感じられるようになりました。あれだけ批判していた須藤さんや宮本さんがほめるぐらいです……。成長していないのは私だけなんです」

「あなただけが成長していないように思うのね……」

「はい、利用者さんたちはみな、柳田さんはもちろんのこと、本沢さんや島田さんに頼るようになってきていますし、私以外の職員は、みな楽しそうだし、私、一人ぼっちになってきました。私はヒステリックだから、誰も相手にしてくれないんです」

「一人ぼっちだと感じてるのね……」

「私、たぶん嫉妬しているのだと思います。今まで、特に本沢さんや島田さんに対しては、私より劣っているところを見つけて優越感に浸ってたんです。でも、もう劣っているところが見つからないんです。そんな自分が嫌で嫌で……。こんな卑屈な性格では、この仕事やっていけないですよね」

「なるほど、それでこの仕事が向いてないって思ってしまったのね」

「私が新人のとき、課長は何度も私を守ってくださいましたよね。あのときは、先輩たちのいじめのような指導がつらくって、ずいぶん泣きたくもなりましたけど、課長がいてくださるから安心してたんです。でも今は……」

「でも今は？」

「今は、私を守ってくれる人がいないような気がして……」

「あなたが新人の頃は、先輩たちの指導が目に見えて行きすぎてたでしょ。私は、あのとき、あなたのフロアの主任を兼務してたけど、放っておけなかったのよ。今は、あのときほどつらいような場面はないんじゃないの？」

「それはそうなんですが……変な言い方ですけど、あのときは、先輩たちからのいじめのような指導という外からの責めだったんですが、今つらいのは、そうじゃないんです」

「というと？」

「今は、『こんなに卑屈な性格でどうするの！』っていう自分の心の中からの責めなんです……あまりにも自分が情けなくて耐えられないんです」

再び江藤の目に涙があふれてきた。

「……そうなの、それはつらいわね……」

「はい……」

谷口は黙って、江藤が少し落ち着くのを待った。

「今、あなたは、しっかり自分のペースをつかんで仕事をしてるし、あなたは仕事に対してとても真面目で努力家だって、小柴さんも柳田くんも、ちゃんと認めてるわよ」

「……そうなんですか」

「そうよ……。ところで、今のあなたの気持ち、小柴さんや柳田くんは知ってるの？」

「私は何も話してませんし、知らないと思います」

「話さないの？」

「柳田さんには、話しづらいんです。今の柳田さんだったら、話せば聴いてくださると思うんですが、彼とは、経験年数はそんなに違わないけど、感性がずいぶん違うし、価値観も違うし、私自身、変なライバル意識をもってしまって相談しづらいんです」

「そう……小柴さんにはどうなの？」

「小柴主任には相談しないといけないと思うんですが、まず、私のことを一番よく知ってくださってる谷口課長に話を聴いてもらいたかったんです」

「そうなの……ありがとうね」

江藤は、谷口に心の内を聴いてもらっているうちに次第に落ち着いてきた。一方、谷口は、新人の頃から気にかけていた江藤が相談にやってきたことで、たいへんうれしく思っていた。

「課長に話を聴いてもらって、気持ちがかなり楽になりました。課長、お願いがあるんですが……」

「何？」

「これからもこうして話を聴いてくださいませんか？」

「ん……そうねえ……」

「やっぱりダメですよね……」

「……いえ、いいわよ。話を聴きましょう。ただし、今、あなたのユニットのリーダーは柳田くんだし、直属の上司は、小柴さんでしょ。私があなたの話を聴くとなると、彼らを飛び越えることになるじゃない。だから、小柴さんと柳田くんの了解を得ておきますよ。もちろん、あなたのプライバシーを彼らに話したりはしないけど……それでいい？」

「はい、それで結構です。ありがとうございます」

小柴も柳田も、谷口の申し出を快く了解してくれた。こうして、今年度中は、谷口が定期的に江藤の相談を受けることになった。

江藤は、新人の頃から慕い、恩人とも思っていた谷口が、定期的に話を聴いてくれるということが決まっただけで、がぜんやる気が湧いてきた。そして、卑屈な性格だと悩んでいたことが嘘のように思えてきた。

一方、谷口は、小柴や柳田との話し合い以降、はじめてうまく職員の話を聴くことができたような気がした。話を聴くコツをつかめたような気もした。そして、何よりも、自分の存在意義を感じ、親子以上に年の離れた江藤に支えてもらっているような気がした。

問題解決に向けて……草加准教授による解説

草加です。今回は、江藤さんが自分一人で落ち込み、谷口さんが支援するといった物語でした。谷口さんはやっと納得できる活躍ができたようです。では、整理しておきましょう。

人と人とは知らない間につながっている

人と人とは、意識していなくても、望んでいなくても、知らない間につながっています。自分自身の気持ちのもち方によって、そのつながりから、ときには、うれしくなったり、楽しくなったり、ときには、悲しくなったりさびしくなったりするのです。

つまり、「人間」は、その名のとおり、自ずと人と人との間に立ち、他者との複雑な内面の相互作用を経験しています。その結果、孤独感を感じたり、がぜんやる気が湧いたりするのです。

江藤さんのユニットの職員は、柳田さんを中心にまとまりはじめました。それが、利用者たちにもよい影響を及ぼしていました。それは、本来喜ばしいことです。しかし、江藤さんは、よけい孤独感を感じてしまいました。自分の卑屈な性格にも向き合い、苦しんでしまいました。これを放置しておくと、江藤さんだけではなく、相互作用で、やがてはユニット全体の人間関係にも何らかのよくない影響を及ぼすことになります。表だってトラブルは起こらなくても、こうした内面の相互作用によって、人間関係が壊れていくこともあるのです。

一方、江藤さんは、恩人とも思い慕っていた谷口さんに、定期的に話を聴いてもらえると決まっただけで、がぜんやる気を出し、卑屈な自分が嘘のように思えてきました。これがきっかけになり、やはり今後、ユニット全体に何らかのよい影響を与えていくことになるのでしょう。谷口さん自身は、自ら望んで介入したわけではありませんが、よい影響が予想できます。目に見えないところでも、誰も意識しないところでも、人と人との内面の相互作用が起こり、人間関係は絶えず移り変わっていくのです。本当に人間関係とは不思議なものです。

自己覚知の入口で心に痛みを感じることがある

江藤さんは、以前、本沢さんと感情のもつれが生じ、小柴さんに話を聴いてもらっていたとき、「嫉妬をしてしまうことに、子どもの頃から劣等感を感じています」と話していました（第一話）。自分のことを素直にそう表現しましたが、おそらく、自分を認めたくない気持ちと認めざるを得ない気持ちが交差し、江藤さんは苦悩を感じていたのではないかと思います。

正反対の気持ちの交差から葛藤を感じることになりますが、このような葛藤はすぐにぬぐい去ることができるわけではありません。ですから、自分の劣等感と向き合わざるを得ないとき、多かれ少なかれ人は苦悩を感じてしまうのです。

こうした苦悩を感じるとき、人は、自分を守ろうとします。たとえば、第七話で解説したように、ほかの人を見下すことで劣等感を解消しようとする人がいます。しかし、今回の江藤さんのように、もはや島田さんや本沢さんのほうが明らかに優秀だと認めざるを得なくなったとき、自分を守ることができなくなってしまうのです。こうして、心の痛みを感じることになるのです。

自己覚知の入口は、自分を知るということでした。しかし、自分を知ると、第七話の島田さんや今回の江藤さんのように、心に痛みを感じることがあります。この痛みを少しでも軽くしないと、いつまでもしんどい状態が続きますし、自ら心を閉ざし、職場集団に馴染めなくなってしまうこともあります。

今回、柳田さんを中心にユニットの職員も利用者もよい状態になってきました。江藤さんの場合、それを目の当たりにし、よけいに孤独感を感じ、自分をよりいっそう卑屈な性格だと追い込んでしまったのです。

話を聴くための心の技術がある

第七話では、このような心の痛みを軽くするために、プラス思考に転換することを提案しました。ただ、それをするためには相手が必要です。自分一人ではなかなかできるものではありません。島田さんの場合は、柳田さんがパートナーになりました。柳田さんも島田さんも意識していませんでしたが、偶然、二人の会話がプラス思考への転換となったわけです。

これを意図的にできたらどうでしょう。今後、谷口さんが定期的に江藤さんの相談に乗ることになりましたが、谷口さんが、しっかり江藤さんの話を引き出し、受け止め、プラス思考に転換することを手助けすることができたら、まさしく部下を支え育てるということになるのです。

そのためには、話を聴く技術が必要です。今回、谷口さんは、まだまだ十分ではありませんが、聴く技術を駆使していました。私は、直接、谷口さんに聴く技術を伝えたわけではありませんが、スーパーバイザー養成研修で、小柴さんにわかりやすい本を紹介しておきました。それが谷口さんにも渡され、勉強していたのかもしれません。あるいは、小柴さんの聴く技術を見よう見まねで試みていたのかもしれません。いずれにしても、谷口さんは、十分ではないながらも、勉強したり訓練したりしないと使うことができない専門技術を使っていました。

話を聴く専門技術は、心の痛みを軽くするだけではなく、相手の気持ちや状況を知るとき、相手とのよい関係を築くときにたいへん役に立ちます。

では、簡単ですが、谷口さんが使っていた聴く技術を解説しておくことにします。

●聴く場所に配慮する

「ここじゃ、いけないわね。応接室が空いているから、行きましょ」

プライバシーに関することなど、第三者には聴かせたくないような話の場合、聴く場所についての配慮が必要です。谷口さんは、江藤さんが話したいことは泣いてしまうほどつらい内容だと判断し、配慮したのです。

●気持ちや状況を話せるように促す（開かれた質問）

「……よかったら聴かせてくれる？」

「……もう少し詳しく話してくれるかな？」

「でも今は？」

「というと？」

などと、さらに詳しく話すことができるように促します。「きちんと聴くから話しても大丈夫」ということを相手に伝えるサインにもなります。このように質問してもらうと、江藤さんは、気持ちや状況を、安心して自由に話すことができます。短い言葉を返すと相づちにもなり、やはり「あなたの話をきちんと聴いていますよ」というサインになります。

●限定した答えを引き出す（閉ざされた質問）

「……今は、あのときほどつらいような場面はないんじゃないの？」

「……小柴さんや柳田くんは知ってるの？」

「話さないの？」

「そう……小柴さんにはどうなの？」

「……それでいい？」

これは、「イエス」か「ノー」かなど、かなり限定した答えを引き出すときの質問の仕方です。ただし、あまり多用しすぎると、江藤さんは責められているように感じるかもしれません。

●気持ちを確認する

「何かつらいことがあったのね……」

「あなただけが成長していないように思うのね……」

「一人ぼっちだと感じてるのね……」

「なるほど、それでこの仕事が向いてないって思ってしまったのね」

「……そうなの、それはつらいわね……」

これは、「繰り返し」「要約」「言い換え」「感情の反映」などといったいろいろな技術が混ざっています。いずれにしても、相手の気持ちを確認して相手に伝え返すといった技術になります。谷口さんが江藤さんに、このような返し方をすることで、江藤さんは、「私って○○な気持ちだったんだ。△△な状況に置かれているんだ」などと、改めて自分の気持ちや状況に気づきます。また、「谷口課長は、私の気持ちをわかろうとしてくれている」と感じ、安心します。

●フィードバックする

「……あなたは仕事に対してとても真面目で努力家だって、小柴さんも柳田くんも、ちゃんと認めてるわよ」

第三者がどのように見ているかをフィードバックします。このことで、江藤さんは、小柴さんや柳田さんが自分のことを認めてくれていることを、谷口さんの口から確認することができます。ただし、よくない評価をフィードバックしなければいけないときは、相手への影響、相手との関係性、言葉づかいなどに十分注意を払う必要があります。

無意識のうちの支え合い

谷口さんは、以上のような聴く技術を駆使して、江藤さんの話を聴きました。すると、もちろん江藤さんは、谷口さんに支えてもらっていると感じたのですが、逆に、谷口さんも自分自身の存在親子以上も年下ですが、江藤さんは、谷口さんから見れば、意義を感じ、江藤さんに支えられているような気がしました。江藤さんは、谷口さんから見れば、親子以上も年下ですが、どうやらそんなことは関係なさそうです。支えようとする相手から力をもらって支える、つまり、支援する人とされる人の「支え合い」は、相手が誰であれ、対人援助の原点といってもいいでしょう。そう考えると、よい人間関係は、お互いに支えもらっていると感じることから成り立つのかもしれません。

第八話のポイント

人と人とは知らない間につながっている

自己覚知の入口で心に痛みを感じることがある

話を聴くための技術がある

無意識のうちの支え合い

人と人とは、知らない間につながっていて、ちょっとした気持ちや状況の変化で、孤独感を感じたり、がぜんやる気が湧いたりする。表だったトラブルが起こらなくても人間関係が壊れることがあるので要注意である。

自分を知ることで心に痛みを感じることがある。この痛みを軽くしないことには、いつまでもしんどい状態が続き、自ら心を閉ざすことで、職場集団に馴染めなくなることもある。

話を聴く専門技術は、心の痛みを軽くするだけではなく、相手の気持ちや状況を知るとき、相手とのよい関係を気づくときにたいへん役に立つ。

支援する人とされる人の「支え合い」は、相手が誰であれ、対人援助の原点といってもいい。そう考えると、よい人間関係は、お互いに支えもらっていると感じることから成り立つのかもしれない。

……あなたの職場はいかがですか?

第九話　取りもどした関係

　空は晴れわたっていた。ふと気がつけば、公園の梅のつぼみが膨らみはじめている。身にしみる寒さのせいか、知らず知らずのうちに、肩をすぼめうつむいて歩いていたのだろうか。今までまったく気づかなかった。一つひとつのつぼみはまだ固いが、張り出した枝全体は赤みを帯びていた。

（もう梅の花が咲くのか……）

目で見て心ではそう感じるのだが、春の訪れを体で感じるにはまだ早かった。先月の大雪以来、雪が積もることはないものの、相変わらず底冷えする日が続いている。きっと草木だけが感じる気配があるに違いない。

　これまでと変わりなく、ダウンジャケットに身を包み、白い息を吐きながら、本沢奈都子は歩いて出勤した。自宅から歩いて三〇分。日勤の日は、運動のためできるだけ歩いて通勤するようにしていた。

（今日はいいことがあるかもしれない）

春の訪れを目で見て心で感じたせいか、本沢は、何となくウキウキしていた。

「おはようございます」

あいさつも元気よくすがすがしいものだった。朝食を終え、リビングにいたお年寄りたちは、一斉に振り向いた。

「えらい元気がいいじゃないか」

いつも元気な飯田雅夫さんが声をかけた。

「そうですか？　何となく気持ちがいい朝なもので……」

本沢は、公園の梅のつぼみが膨らんでいたことや、春の訪れを感じたことを話した。

「そりゃもう立春を過ぎたものな。梅も早く咲きたかろうが……」

飯田さんも機嫌がよかった。正月は、初のひ孫が生まれるということで、娘が忙しく、帰省させてもらえなかった。その代わりということで、昨日まで二泊三日、娘家族のもとに帰省していたのである。

「娘さんのところに帰っておられたんですね。いかがでしたか？」

「孫娘がひ孫を連れて帰ってな。わしなんか放ったらかしだった……」

と言いながらも、うれしそうな顔をしていた。

「ひ孫さん、かわいいでしょうね」

「かわいいなあ……孫が生まれたときもかわいくて仕方なかったけど、ひ孫はまた違う」

「どう違うんですか？」

「孫のときは、宮参りとかお祝いごととか、そのたびに、娘に教えてやらんといかんかったしな。ばあさんが早くに亡くなってたから、わしが気をつかってたいへんだった。今回は、何にも責任がないし気楽なもんだ。無責任にかわいがってやれる」

「なるほど、そうなんですね」

本沢は、大学を卒業し、卒業証書をもって一人暮らしの祖母に報告に行ったとき、祖母が、「早くひ孫の顔が見たい」と言っていたことを思い出して赤くなった。

「本沢さん、朝礼だよ」

リビングで飯田さんと話し込んでいる本沢に、柳田が声をかけた。気がつけば八時四五分だった。

「はーい、すぐに行きます」

朝礼は、同じ三階フロアのもう一つのユニットと合同で行われる。まず、フロアの責任者である小柴からあいさつがあり、施設長や課長からの伝達事項が伝えられた。「ステップアップ研究会」の報告会は三月一五日に決まったという。資料は一つの冊子にするので、三月一〇日までに提出するように指示があった。

続いて、各ユニットの夜勤者から日勤者に対して申し送りが行われた。司会は、日直と呼ばれる日勤者の一人だった。日直は、看護師と連携し、二つのユニットで暮らすお年寄りのケアに関する引き継ぎ事項が漏れなく行われるかどうかをチェックする重要な役割である。今日は、本沢が日直だった。

「本沢さん、今日の昼休み、ちょっと時間がほしいんだけど」

朝礼が終わると、柳田が本沢に声をかけた。

「はい、いいですけど、どうされたんですか？」

「僕じゃなくて、江藤さんが本沢さんと話したいことがあるんだって」

「江藤さんが……」

本沢の表情には、緊張が走った。昨年六月（第一話）以降、表だったトラブルはないものの、江藤との間には、何となくぎこちない空気が漂っていた。

「自分からは言いにくいからって、僕から本沢さんに言ってほしいって頼まれたんだ」

「そうだったんですか……」

「江藤さんは、遅出なんだけど、日勤の休憩に合わせて少し早く出てくるって言ってたよ」

「わかりました。そのつもりでいます」

とはいったものの、本沢は不安で落ち着かなかった。

江藤は、定期的に話を聴いてもらっている谷口に、本沢との関係について相談していた。

「本沢さんとは、うまくいってるじゃない」

相談を受けた当初、谷口は、二人の様子を見てそう言った。

「表面上は、たぶん何も問題ないと思います。でも、お互いに様子をうかがっているというか、腫れ物に触るようなというか……お互いに恐る恐る接しているような感じなんです。ほかの人にはわからないと思いますが、私にはよくわかるんです。本沢さんもたぶんそう感じていると思います」

「そうなの……」

「去年の六月、トラブルがあって、私が、本沢さんに必要以上に冷たく接してしまったもので、そのときの嫌な思いが、未だ彼女には残っているのではないかと思います。私は、小柴主任に話を聴いてもらって、それ以降反省してるんですけど、私って意地っ張りでしょ……。彼女に謝ることもできなくて、今に至ってます。彼女は素直ないい子だし、先輩として私が謝れば、すぐにお互い打ち解けることができるような気がするんです」

「それじゃ、一度、本沢さんと話し合いをしてみたらどうなの？」

「ええ、できればそうしたいと思ってるんですが、うまく話せる自信がないんです」

「それなら、柳田くんに間に入ってもらったらどうかしら……彼なら、うまく仲介してくれるんじゃない？」

「そうですね。それはいいかもしれません」

こうして、柳田の仲介で、江藤と本沢の話し合いが実現することになった。

柳田による仲介

「じゃあ、江藤さん、本沢さんに気持ちを伝えてみようか……」

柳田が、江藤に話すように促した。

「はい……。本沢さん、ごめんなさい」

「えっ」

突然の「ごめんなさい」に本沢は驚いた。

「今まで、本沢さんには、ずいぶん冷たく接してきたけど、なかなか『ごめんなさい』が言い出せなくて……。私、本沢さんのあら探しばっかりしていたような気がするの。そうすることで優越感を感じて自分を維持してた。でもこの頃、あなたがあらゆる面で私より優れていることを認めざるを得なくなって、すごく落ち込んでたの」

「江藤さんより優れてるなんて、絶対そんなことはありませんよ。江藤さんの介護は、利用者さんからとっても評判がよいので、私、見習っていつも真似しようとしてるんです」

本沢の正直な気持ちだった。

「ありがとう……そう言ってくれると救われるわ……。実は私ね、仕事のことだけじゃなくて、利用者さんや職員から人気のある本沢さんに対して嫉妬してるの。嫉妬するのは、子どもの頃からのコンプレックスなんだけどね」

「人気だなんて……。でも、江藤さんにもコンプレックスがあるんですね」

「もちろんよ。何かことがあるたびに、嫌な自分と向き合ってしまって、しんどくなるのよ。だから、しんどくならないように、本沢さんのあら探しをして優越感に浸ってたの……」

江藤は、話せるかどうかまったく自信なかったことが、自分でも驚くぐらい素直に話せた。

「そうだったんですか……」

「そうよ、今『江藤さんにもコンプレックス』って言ったけど、あなたにもコンプレックスがあるの？」

「私にもありますよ……。私は、大声を出す人や言葉づかいの荒っぽい人がとても苦手なんです。利用者さんにそのような方が何人かいらっしゃいますが、どうしても心の距離を縮めることができないんです。島田さんも言葉づかいが乱暴で、最初はちょっと怖かったんですが、とても親しみやすい人ですし、利用者さんの心もつかんでらっしゃるし、彼のよいところだとすぐにわかったので、大丈夫でした」

「そうだったの……」

「はい、心の距離を縮めるどころか、実は、私には、そんな人を軽蔑してしまうようなところがあるんです。それではいけないと思って、頑張ってかかわるんですけど、とても表面的なかかわりになってしまって……。心で思ってることと、やってることが食い違ってて、私って二重人格じゃないかと思うこともあるんです」

「本沢さんって、どんな人ともよい関係をつくれる人かと思ってた。それがすごくうらやましかったのに……」

「実はぜんぜん違うんです。この仕事をやってる以上、どんな人ともよい関係をつくらないといけないでしょ。だから学生時代に必死に勉強したんです。よい関係をつくる技術を身につけないといけないと思って。でも、やっぱり心の中では軽蔑してしまってる自分がいて、そんな自分が情けなくて落ち込むことがよくあるんです」

「そうなの……。意外だったなあ。あなたのことがとても身近に感じてきたわ」

江藤は、本沢の話を聴いているとうれしくなってきた。

(本沢さんにも自分が情けないと思うことがあるんだ)

江藤は、急速に、自分だけではないという安心を得ていった。人の気持ちは、本当に聴かないとわからないものである。江藤には、話を聴く前に、相手の気持ちを想像してしまって、「きっとこうに違いない」と決めつけてしまうようなところがあった。それで、一人で落ち込んでしまうのである。

「ところで、本沢さんは、落ち込んだときに、どうやって立ち直るの？」

江藤は、自分もよく落ち込み、一人で苦しむことがあるので聴いてみたかった。

「そうですね。就職したばかりの頃は、大学のゼミの先生にメールで相談してました。小柴主任が、今受けてらっしゃるスーパーバイザー養成研修の草加先生が私の先生なんです。でもこの頃は、柳田さんがよく話を聴いてくださるので、柳田さんに頼り切ってます」

柳田は、黙って二人の会話を聴いていたが、突然、自分の名前が出てきて戸惑った。また、江藤と本沢の視線が同時に自分に注がれ、顔が熱くなった。

「なるほど、それでつながったわ。あなたも小柴主任も、その先生から学んだから、関係づくりや話を聴く技術がすごいんだ。それに、小柴主任から影響を受けた谷口課長や柳田さんが、この頃ずいぶん変わってきたし、その影響で島田さんや私も変わってきたんだ」

江藤の頭の中では、一瞬のうちに結びついた。

「すごいですね、影響って……」

「そうね……。本沢さんは、以前から誰かに相談することで、落ち込みから立ち直ってたのね。私には、それができなかったのよ。意地っ張りで……。でも、谷口課長に話を聴いてもらうようになって、聴いてもらうことの大切さがよくわかってきたの。だからね、私も人の話を聴けるようにならないといけないと思ったの」

「そうなんですか……」

二人は、すっかり打ち解け、時間が経つのも忘れて話し込んだ。

「本沢さん、そろそろ休憩時間が終わるよ。江藤さんの勤務もはじまる時間だよ」

時間を気にしていた柳田が声をかけた。

「あらっ、いけない……。でも、こうやって話してみて、本沢さんのことが少し理解できてきたし、自分の思い違いにも気づいたわ。気持ちよく仕事をするためには、職員同士でも話を聴いたり、聴いてもらったりしないといけないわね」

「そうですね……」

「柳田さん、本沢さんと話す機会をつくってくださってありがとうございました」

「いやいや、谷口課長と江藤さんに頼まれて場をつくっただけ。今だって、僕は何もせず、こうやって二人の話を聴いていただけじゃない。江藤さんが、自分の力で、本沢さんとの関係を取りもどしたんだよ」

柳田は、本当にそう思った。

江藤は、今まで、本沢と個人的に話をすること自体に抵抗を感じていた。谷口の進言で本沢と話し合うことになった今日も、ついさっきまではずいぶん身構えていた。しかし、本当に話してよかったと思った。谷口に話を聴いてもらっていたことで、素直になれたのかもしれない。

本沢も、江藤に対する苦手意識がすっかり消えたように思った。二人の表情は、今日の空のように晴れわたっていた。

(これで大丈夫だ)

柳田は、確信した。

問題解決に向けて……草加准教授による解説

草加です。今回は、昨年六月からぎこちなかった本沢さんとの関係を何とか修復したいと思い、江藤さんが決心して動いた物語でした。では、整理しておくことにしましょう。

心の痛みが軽くなる

第八話では、柳田さんを中心にユニットがまとまりだし、本来は喜ぶべきことなのに、江藤さんは孤独感を感じてしまいました。卑屈な自分にも向き合ってしまいました。こうした心の痛みによって、ずいぶん苦しみました。

江藤さんは、谷口さんに定期的に相談に乗ってもらうようになりました。谷口さんも、新人の頃から気にかけていた江藤さんが苦しんでいるのを見て、「何とかしなければ」と一生懸命だったのだと思います。それに、小柴さんや柳田さんに負けてられないという気持ちもあったことでしょう。

江藤さんは、この一か月、全幅の信頼をおいている谷口さんに、心の内をしっかり話すことができたのだと思います。人間の心の内は実に複雑なものです。

江藤さんは、かつて新人だった頃、先輩たちにいじめのような指導を受けながらも、何とか認められようと頑張り抜きました。ところが、本沢さんには、その頑張りがみられない。少なくとも江藤さんの目には、そのように映っていました。にもかかわらず、本沢さんは人気がある。また、人間関係づくりや話を聴く技術は、たいへん優れていました。だからこそ、よけいに本沢さんの劣っているところを見つけ出しては、自分の存在意義を感じるようになりました。意地になって仕事をしているようなところもありました。その結果、以前、柳田さんに指摘され、言い争いになりましたが、利用者への接し方が機械的になってしまったこともありました。

ところが、次第に、本沢さんの劣っているところが見いだせなくなってきました。一方、ユニットは、柳田さんを中心にまとまりだし、ほかの職員はみな楽しそうです。その影響で利用者の表情もよくなりました。江藤さんは孤独感を感じました。卑屈な自分と向き合ってしまいました。

江藤さんは、こうした気持ちの推移を谷口さんに話すことができたのでしょう。谷口さんは、江藤さんの話を引き出し、否定せず、しっかり受け止めたのだと思います。

人は、複雑な気持ちを話し、聴いてもらうことで、自分自身を客観的に眺めることができるようになるのです。客観的に自分自身を眺めると、冷静になることができます。また、素直になることもできます。すると、苦しんでいる自分が、これからどうすればいいかが見えてくるのです。すなわち、心の痛みが軽減していくのです。

おそらく以前から、江藤さんは、本沢さんと話し合いをしたほうがいいと思っていたのでしょうが、冷静になり素直になることで、やっと決心することができました。そして、自分自身の力で、本沢さんとの関係を取りもどしたのです。

多くの力が相乗作用を起こす

江藤さんが決心して動き、自分の力で本沢さんとの関係を取りもどした背景には、多くの力の相乗作用がありました。

実は、谷口さんは、江藤さんの相談を受けることに自信がなかったので、小柴さんに相談していました。小柴さんとの相談の中で、いつも確認されたのは、柳田さんを中心にユニットがうまくまとまってほしい。主任や課長の立場で何ができるかということでした。小柴さんや谷口さんが、ユニットの運営に深く関与すると、リーダーである柳田さんの立場を侵してしまいます。ですから、あくまでも後方支援の仕方を模索していました。

江藤さんと本沢さんのぎこちない関係は、途中で職場復帰した谷口さんは、最初気づかないほどでしたが、柳田さんをはじめ、みなが心配しているところでした。その心配している柳田さんが、うまく仲介できればいいということも、谷口さんと小柴さんの相談の中では常々出ていたことでした。谷口さんが、「それなら、柳田くんに間に入ってもらったらどうかしら……」と提案した背景には、そのようなことがありました。また、柳田さんには、すでに仲介する力が備わっていると、谷口さんや小柴さんは信じていました。

谷口さんが、長期の休暇から復帰後、短い期間で、職場の人間関係がよい方向に動きました。小柴さんは、たいへん優秀な人材ですが、谷口さんの存在感も見逃すことはできません。ユニットの若い職員が急速に成長の兆しをみせたことは、多くの力の相乗効果といえるでしょう。江藤さんの頭の中で結びついた「影響」のとおりです。遠くのほうで、森本施設長が、優しく微笑んでいるように思います。

こうした多くの力の相乗作用について、小柴さんは、スーパーバイザー養成研修の五日目最終日の振り返りで、「私の職場では、よい関係の連鎖が起こりつつあります」と言っていました。私は、「それはよい相乗作用だ」としながらも、今後、よくない相乗作用が起こることもあり得ることを指摘しました。そのときには、避けて通るのではなく、みなが、よくない相乗作用に向き合うことができるように働きかけてほしいとお願いしました。職場集団で解決することができれば、よりいっそう絆が深まり、再びよい相乗作用が起こることでしょう。

第九話のポイント

心の痛みが軽くなる

後方支援をする

多くの力が相乗作用を起こす

人は、複雑な気持ちを話し、聴いてもらうことで、自分自身を客観的に眺めることができるようになる。客観的に自分自身を眺めると、冷静になることができる。また、素直になることもできる。すると、苦しんでいる自分が、これからどうすればいいかが見えてくる。すなわち、心の痛みが軽減していく。

上司は、部下の立場を侵してはいけない。部下には与えられた役割がある。その役割を遂行することができるように後方支援をする。

職場集団では、よくも悪くも多くの力の相乗作用が起こる。よくない相乗作用が起これば、避けないで向き合う。そして、再びよい相乗作用を引き起こす。その結果、個々の職員の成長が見られ、職場集団が成長する。

……あなたの職場はいかがですか?

第一〇話　自己覚知

この頃は、先日までの陽の光と明らかに違う。まだ、ほとんどの人は冬物のジャケットを着ているが、分厚いジャケットを通して、肌に温かさが染み込むような感覚を覚える。もはや草木だけが感じる気配ではなく、人間の心身にもはっきりと感じることのできる春の気配である。

窓ガラスの内側は、温室のようにポカポカしている。昼食を食べ終わったお年寄りたちは、わざわざ陽のあたる窓際まで移動し、その陽気に身をゆだね、本能にまかせてうたた寝をしていた。

「それでは、これから、ステップアップ研究会の報告会をしたいと思います。日常業務の合間を縫っての研究会でしたので、ご苦労もあったと思いますが、今後も継続していく中間報告のつもりで報告していただければと思います」

三月一五日、予定どおり、森本良也施設長のあいさつで、三階フロアの報告会がはじまった。司会は、介護支援課長の谷口和代が務めた。職員は、お互いに顔が見えるように、大きな円卓に座っていた。

主任と看護師は、業務改善と人材育成案を作成し、リーダー以下の職員は、二人一組で課題を決めて研究することになっていた。

まず、小柴礼子と宮本香江が、今まで何度か中間報告をしてきた業務改善と人材育成案について最終的な報告をした。引き続き、江藤直美と島田省吾による「介護を通したコミュニケーション」について報告があった。ほかの職員の報告もひととおり終わり、最後に、柳田啓介と本沢奈都子が、「対人援助職の自己覚知」について報告した。

対人援助職は、感情が動かされやすい仕事であること、つい自分の感情にしたがって、相手の言動の善し悪しを判断してしまうこと、それゆえに、対人援助職は、自分自身の感情や性格の傾向をよく知り、自分をコントロールできるようになる必要があること……。資料は図式化され、非常にわかりやすいものだった。

その後、意見交換が行われた。

「自己覚知は、利用者さんとの関係だけではなく、職員同士の関係にも非常に大切だと思います」

まず、島田が、以前、陰口を偶然聞いてしまったことから、ひどく落ち込んだが、柳田に話を聴いてもらって、自分の気持ちを改めて整理でき、スッキリしたこと、その後、陰口を叩いていた張本人である須藤や宮本に積極的に話しかけることができるようになったことを振り返りながら話した。須藤公子と宮本香江は、苦笑いしながら聞いていた。それを受けて、柳田も、島田と話したことで、自分自身新しい気づきや発見があり、自己覚知が深まったことを話した（第七話）。

「私は、自己覚知の入口、つまり自分のことを深く知る段階で、つらくなってしまいました。嫌な自分、情けない自分と改めて向き合ってしまったんです。それまでは、無意識のうちに向き合うことを避けていたのだと思うのですが、もう避けられないと思い、本当に落ち込みました」

江藤は、以前、谷口に話を聴いてもらうことになった直前の、つらかった気持ちを思い出していた（第八話）。

「江藤さん、『それまでは、無意識のうちに向き合うことを避けていた』って言ったけど、もう少し詳しく聴かせてくれない？」

小柴が、さらに話すことを促した。

「はい、それまでも自分自身のコンプレックスには気づいていたのですが、それに向き合うことが怖くて避けるために、後輩である本沢さんや島田さんの劣っているところを見つけて、優越感に浸っていたのです。そんな自分がとても嫌で、よけいにつらくなりました……」

「私のところに相談にきたとき、あなたは本当につらそうだったわね。でも、相談にきてくれてよかった。あなただけではなく、私もあなたに助けられたのよ」

谷口は、司会であることを忘れて思わず応えた。

「私に助けられたって、どういうことですか？」

「私はね、小柴さんや柳田さんに比べて、人の話を聴くのが本当に下手なのよ。それで、ずいぶん落ち込んでたの。でも、相談にきたあなたの話を聴くと、あなたはとても喜んでくれたじゃない。それで、私は自信をもつことができたの。あなたのおかげよ。それにね、あなたが頼ってくれることで、私の存在意義を感じることができたの。本当に感謝してるのよ」

江藤と谷口のやりとりを聴いていた柳田、本沢、島田、それにパートの須藤や看護師の宮本までが、納得するかのようにうなずいていた。

「須藤さんはいかがですか？」

司会の谷口は、発言を促した。

「はい、以前、島田さんや柳田さんとトラブルがあったとき、小柴さんに話を聴いてもらって、なぜ、島田さんや柳田さんに対して腹立たしく思ったのかがわかりました（第二話）。あのとき、人に話を聴いてもらうことで、自分の気持ちに改めて気づくということがわかりました。私の場合は、島田さんや柳田さんに対して感じていることを言葉にして表現したとき、小柴さんは、『○○な気持ちだったんですね』って返してくれました。その瞬間に、自分の気持ちの背景について、ハッと気づいたんです」

「なるほどねえ……。宮本さんはいかがですか？」

「私は、看護師として、介護職のみなさんの健康に対する意識が低く感じられ、腹立たしく思ったことがありました。柳田さんと衝突しましたよね（第三話）。あのとき、やはり小柴さんに話を聴いてもらい、意識の問題ではなく、専門性の違いから生じたトラブルだと気づいたのです。違いを知ることによって、介護職のみなさんを認めることができるようになりました」

宮本が答え、引き続き意見交換が行われた。

小柴が全員の顔を見渡すと、本沢が、一点を見つめ何かを考えているような、なんとなく深刻そうな顔をしていた。

「たくさんの意見が出ましたが、そろそろ時間ですので、まとめておくことにします。では、小柴主任、よろしくお願いします」

「えっ、私がまとめるんですか？」

「ちょっと私には荷が重いので、何回も名前が出てきた小柴さん、お願い！」

谷口のお願いは、みなの笑いを誘った。

「わかりました。でもその前に、少し本沢さんの話を聴いてみたいのですが、本沢さん、いいでしょうか？」

本沢は、驚いたように顔を上げうなずいた。

「本沢さんは、N園に就職してもうすぐ一年になりますね。この一年いかがでしたか？　柳田さんと一緒に『自己覚知』について研究して報告してくださったけど、そのあと何も発言しなかったじゃない。さっき何か考え込んでいるような顔をしていたし、気になって……この一年間仕事をして感じたこと、自己覚知の研究をして感じたことを聞かせてくれませんか？」

「……はい……。少し場違いな話になるように思うのですがよろしいでしょうか？」

小柴と、小柴の隣に座っていた施設長の森本は黙ってうなずいた。

「ここは特別養護老人ホームですから、当然、日常的に『死』に直面しますよね。幸い私のユニットではこの一年みなさんお元気でしたが、N園全体では、七人のお年寄りが亡くなりました。そのうちの一人は、先月、帰省されたときにご自分で命を絶たれました。ほかのフロアの利用者さんだったので、私は顔ぐらいしか知らない方でしたが、その事件を知ってたいへんショックを受けました。

就職する前から、N園はお年寄りの施設ですし、『死』に直面することから逃げることはできないことはわかっていたつもりでした。でも、ほかのフロアとはいえ、利用者さんが次々と亡くなっている現実に直面すると、戸惑いを感じてしまいます。実は、私は、身内や親しい人たちの『死』を経験したことがないのです。祖父は、私が二歳のときに亡くなっているらしいのですが、まったく覚えていません。

一緒に就職した同期の人たちに聞いてみると、『自分が働くユニットの利用者さんが亡くなってショックだったけど、落ち込んでいては仕事にならないので、頑張って仕事をしているうちに、すぐに気にならなくなった』と言っていました。私は、『そんなものなのかなあ』と悶々としていました。

柳田さんと自己覚知の研究をしていると、『私は、本当に自分の感情を脇に置くことなんてできるのだろうか』と、よけい悶々とするようになったのです。『自己覚知』と『他者の死の受容』がどう関係するのかもよくわからないし、そもそも関係がないのかもしれません……。でも、なんとなく漠然と、『私のユニットの利用者さんが亡くなったらどうしよう』と不安な気持ちになりました。そんな不安に襲われていると、『自分の家族が……』なんていう不安にも襲われました。毎日毎日、仕事が終わるたびに、『今日も利用者さんは無事でよかった』。家に帰ると『家族はみな元気でよかった』と安心しました。

そんな日々が続いていたのですが、先月、ほかのフロアの利用者さんが自分で命を絶たれた事件を知って、とても考えさせられました。まず、私には、『ご家族はどんな気持ちなんだろう』『その方と親しくしていた人たちは……』『その方を担当していた職員さんは……』と、周囲の人たちの気持ちがとても心配になりました。不思議なことに、私の思いは、亡くなった方の気持ちには向きませんでした。それより、亡くなった方に対して、『周りの人が悲しむことはわかっていただろうに……』『親しい人たちとの関係を一方的に切ってはいけない……』という責めの気持ちさえ抱きました。納得できなかったのです。

自己覚知の研究をしていたこともあって、『私はどうしてこんなことを考えてしまうのだろう』と、わずか二二年ですが、自分の人生を振り返ってみました。どうして納得できないのかを考えてみました。すると、何となく思い当たることがありました。

両親や祖母、兄との関係はもちろんなんですが、親しい友人との関係、そんなに親しくない友人でも、その関係すべてに、いつの間にか、『お互いさま』という感覚をもつようになっていました。私は、その感覚が人一倍強いような気がします。

私は、ほかの人によって成り立っているのです。ほかの人も、その人以外の人によって成り立っているのです。つまり、みんなお互いの存在によって成り立っているのです。早くに亡くなった祖父のことは知りませんが、私が子どものとき、両親や祖母は、『奈都子がそんなことしたら哀しいよ』ってよく言ってくれました。ニュースを見ていても、祖母や両親は、私の思いが、犯罪を犯した人の家族や友人の気持ちに向くように仕向けていたように思います。理由はともかく、自殺した人の話を聞くと、まず、その人の家族や友人の気持ちに思いが及んでしまいます。自分の命は自分だけのものではない。どうしてもそう思ってしまうのです。

自己覚知の研究をして、確かに、自分のことを知って、自分の感情や価値観を脇におくことの大切さがよくわかりました。そうしないと相手の気持ちを相手の側から理解することができません。今まで、何となくできていたような気がしていたのですが、先月の事件からいろいろなことを考えてしまって、今までも、自己覚知なんてできていなかったんじゃないかとも思えてきました。

自己覚知について報告はしましたが、実は、私にはできないことかもしれないと思ってしまいました。よく『自己覚知』って簡単に口にしますが、実践するのは本当に難しいというのが、正直な感想です」

思いもよらない本沢の話に、小柴は、とっさにどのようにコメントしていいのかわからなかった。谷口は、若い本沢に圧倒されているような顔をしていた。江藤も島田も須藤も宮本も、一緒に研究してきた柳田も、みなまっすぐに顔を上げることができなかった。

「本沢さん、よく話してくれました」

最初にあいさつをしてから、一言も話さなかった施設長の森本が静かに話し出した。みな一斉に顔を上げた。

「本沢さん、あなたは、草加先生や小柴さんが言っていたとおり、本当にたぐいまれな素質のある人だ。私は長年、医療現場でソーシャルワーカーをしてきて、たくさんの『死』と出会いました。身内の死を哀しむ多くの家族の方々とも接してきました。しかし、そこまで自分の気持ちを深く考えたという記憶がありません。ほかの人はいかがですか？」

みな、「考えたことがない」といった表情で、かすかに首を振っていた。

「先月の事件のようなケースはあまりないにしろ、老人ホームですから、N園でも毎年一〇人近いお年寄りが亡くなっています。命が失われることに慣れっこになってはいけませんね。考えさせられました。

それから、自己覚知は、本当に奥深いものだということが、本沢さんの話で、改めてよくわかったような気がします。『自ら命を絶つことによって、関係を一方的に切ってはいけない』という自分の気持ちを脇におかなければいけない。自分の人生を振り返ると、その気持ちがどこからきているのかもわかった。しかし、わかっていても、どうしても脇に置けない……。でも、亡くなった人はもう帰ってこない。これは人間の生と死という、非常に重い命題にかかわる心の痛みのように思います。

今回の場合、本沢さんは、知らない利用者さんのことでも、そこまで思いが及んだわけですから、思い入れの強い利用者さん、身内や親しい人にそのようなことが起こった場合、相当大きな心の痛みを感じることになるのでしょうね。本沢さんは、それを予感してしまったのでしょう。

江藤さんが話してくださった『嫌な自分、情けない自分と向き合う』心の痛みとは、少し種類が違いますが、いずれにしても自己覚知が深まると、心の痛みが伴うものなのかもしれません。自己覚知は必要ですが、自己覚知が深まれば心の痛みを感じる。それならば、心の痛みを軽くすることを考えなければいけません。

これからの私たちの課題が見えてきたような気がします。本沢さん、それに江藤さんも、ありがとうございました。

ところで、小柴さん、まとめはどうしましょう？」

「はい、いえ、あの……私、本沢さんの話を聴いて、混乱してしまいました。どうまとめていいのか、わからなくなってしまいましたので、施設長、お願いします」

「わかりました……」

森本は、自己覚知は、他者とのコミュニケーションを通して深まること、それは自分自身を知ることだけではなく、相手を知ることにつながること、そして、相手が利用者であれ職員であれ、良好な人間関係につながること。しかし、自分自身を深く知ることや、自分の気持ちを脇におくことができず、心に痛みを感じることがあること、それを軽くするためにも、職員同士がしっかり話を聴き合い、支え合うことが大切であること、非常に心の奥深いところで痛みを感じることもあるので、今後の支え合い方について考えることが課題であることなどについてまとめた。

小柴は、森本の自己覚知についてのまとめを聞きながら、一人情けない気持ちに陥っていた。

「みなさん、この一年は、本当にご苦労さまでした。みなさんの報告を聞いて、ステップアップ研究会の成果は、すでに現れていると感じました。職員の人間関係が深まり、お互いに支え合い、育て合う。そんな仲間集団として、これからも一丸となってお年寄りたちの暮らしを支えていきましょう」

森本の締めくくりの言葉で報告会は閉会した。

問題解決に向けて……草加准教授による解説

草加です。今回は、ステップアップ研究会の報告会で、自己覚知の大切さとともに、利用者の死をめぐって自己覚知の奥深さと難しさが見えてきた物語でした。整理をしておくことにしましょう。

自己覚知は、他者とのコミュニケーションをとおして深まる

自己覚知の入口は、自分を知ることだということは、何度か説明してきましたが、他者とのコミュニケーションを通して、より深く自分を知ることができることがあります。なぜならば、他者と

の違いが見えてくるからです。また、他者との違いが見えてくるということは、他者を知るということにもつながります。島田さんと柳田さんの話（第七話）に象徴されますが、お互いに新しい発見があるのです。

また、須藤さんにしても（第二話）、宮本さんにしても（第三話）、小柴さんに話を聴いてもらうことで自己覚知が深まりました。自分の頭の中で固まった考え方や価値観がめぐっていると、他者を受け容れることができなくなります。二人とも、小柴さんに話を聴いてもらうことで、素直に自分を表現し、客観的に自分が見えてきたのです。客観的に自分が見えてくると、冷静に自分を見つめることができるようになります。と同時に、他者の姿を理解しようというゆとりが生まれてきます。江藤さんは、嫌な自分、情けない自分と向き合ってしまって、心の痛みを感じてしまいましたが、谷口さんに話を聴いてもらうことで、やはり、客観的に自分を見つめることができるようになりました。

いずれにしても、他者とコミュニケーションを取ること、あるいは、話を聴いてもらうことが、自己覚知においては、たいへん重要になるということです。ただし、お互いに信頼できていないことには、深いコミュニケーションが成り立たないことはいうまでもありません。

自己覚知は、職員同士のよりよい関係にもつながる

自己覚知が深まっていくと、他者とのよい関係につながります。今まで、対人援助では、利用者

や家族など当事者との援助関係において、自己覚知の大切さが強調されてきました。当事者が抱える問題は、生活全体と深くかかわり、個別の事情、歴史を伴っていますので、個別に話し合えるだけの人間関係が援助者との間に形成されなければいけません。その人間関係を形成するために、援助者には自己覚知が必要になってきます。

同じことが、職員同士にもいえます。職員もみな抱えている人生が違いますから、当然、考え方や価値観が違います。そこで衝突が起こります。お互いストレスを感じ、しんどくなります。それを軽くするためにも、職員同士でも「自己覚知」を意識してみることが有効なのです。

そのためには、職員関係も仕事の関係だと認識する必要があります。今まで、私は、研修をとおして、多くの援助者たちの話を聴いてきました。当事者とは、当然仕事だと認識して援助関係を築いていますが、職員同士の関係が、仕事の関係だと認識したことがなかったという人が決して少なくありません。

対人援助の現場には、多くの人間関係が交差しています。そして相互作用を起こしています。利用者と職員の関係、利用者同士の関係、利用者と家族といった当事者同士の関係、職員同士の関係……うずまく関係全体を細かくみると、当事者も職員もたくさんいますから、実に多くの人間関係が交差しているのです。

スーパーバイザー養成研修の初日に、小柴さんは、職員同士の人間関係が、職員と利用者との援助関係に影響を及ぼすことに、「なるほど」と思ったようでしたが、対人援助現場全体の人間関係をよいものにしていくときに鍵を握るのが、やはり職員同士の関係なのです。ですから、職員同士の関係も仕事の関係だと認識し、自己覚知によって、よりよいものに変えていくことを考えたいものです。それは、気持ちよく仕事をする職員自身のためでもあるのです。

重い命題にかかわる心の痛みを感じる

さて、今回、本沢さんは、ほかのフロアの利用者の死をめぐって、人間の生と死という非常に重い命題にかかわる心の痛みを予感してしまいました。身内や親しい人の死を経験したことのない本沢さんは、自分が働くユニットで、思い入れの強かった利用者が亡くなったとき、また身内や親しい人が亡くなったとき、きちんと受け止めることができるかという不安を抱いてしまいました。そのとき、どのような気持ちになるのだろうという恐怖が襲ってきたのでしょう。

特別養護老人ホームなどでは避けて通ることのできない死。しかし、日常的であるだけに、そのつど哀しみのどん底に陥ってしまっていたのでは、仕事になりません。二四時間三六五日、一瞬たりともとどまることなく利用者の暮らしは続いているわけですから、それを支えていかなければならない。心の痛みを感じたからといって、放棄することは許されない。

そんな過酷な状況で仕事をしていると、『死』というものに慣れっこにならざるを得ないのかもしれません。しかし、人の人生を支援する仕事ですから、森本さんがコメントしていたように、慣れっこになってもいけない。いったいどうすればいいのか……。割り切れない葛藤を抱きます。

本沢さんは、「『自己覚知』と『他者の死の受容』がどう関係するのかもよくわからないし、そもそも関係がないのかもしれません……」と言っていましたが、実は大いに関係あるのです。身近な人が亡くなると、誰もが必ず何かを感じると思います。何をどのように感じているのか、それはいったいどこから来ているものなのか。それをそのつど整理し、自己覚知を深めることが、放棄もせず、慣れっこにもならないためには必要なのかもしれません。しかし、一人では難しいかもしれません。

また、身内や親しい人、思い入れの強かった利用者が、自ら命を絶つことで一方的に関係を切り、二度と帰ってこない……これは、病死や自然死にも増して、残された者に心の痛みをもたらすことでしょう。本沢さんの場合は、『自ら命を絶つことによって、関係を一方的に切ってはいけない』という亡くなった人への責めをも感じました。ほかのフロアの利用者ではなく、自分のユニットの利用者だったら、もっと強く感じたのではないかと思います。

ほかの職員ならほかの感じ方をするかもしれません。みな歩んできた人生が違いますから……。しかし、どのような感じ方も間違ってはいないのです。それは紛れもなく実際に感じていることなのです。関係のあり方によっては、「私が、亡くなった人を追い詰めてしまったのではないか」というように、自分を責める人がいるかもしれません。

いずれにしても、亡くなった人はもう帰ってきません。こうした出来事が、今後ないとは限りません。それでも、この仕事をしていかなければならないのです。その現実を受け容れていかなければば、今後、しんどい気持ちを背負ったまま生きていかなければならないのです。

対人援助は、人の人生に寄り添い、関係を深く考え、自己覚知していく仕事です。それだけに、こうした心の痛みは避けることができないのかもしれません。それならば、それが少しでも軽くなるように、職員同士の支え合いが必要になるのです。

第一〇話のポイント

自己覚知は、他者とのコミュニケーションをとおして深まる

自己覚知は、職員同士のよりよい関係にもつながる

重い命題にかかわる心の痛みを感じる

他者とのコミュニケーションから自分を知り、相手を知り、相手との関係を深める。また、他者に話を聴いてもらうことで、客観的に自分を見つめ、冷静になることができる。自己覚知を深めるにあたり、他者とのコミュニケーションは非常に有効である。ただし、信頼関係が必要である。

今まで、対人援助における援助関係形成に自己覚知の大切さが強調されてきた。しかし、職員同士の人間関係も仕事の関係であると認識し、自己覚知をとおしてよりよいものにする。そうすることで、対人援助現場全体の人間関係がよくなる。それは、気持ちよく仕事をする援助者のためでもある。

人の生死にかかわる重い命題から心の痛みを感じることがある。人として生きている以上、人の人生に寄り添う仕事をしている以上、避けられないかもしれない。だからこそ、職員同士で支え合いたい。

……あなたの職場はいかがですか?

エピローグ

昨年六月にはじまったスーパーバイザー養成研修は、年末に最終日の五日目を終えた。

「もう終わるのか……」

小柴は、物足りなさを感じていた。毎回、それぞれの職場でのスーパービジョン実践報告書を提出するという宿題が出されていた。小柴は、毎回まとめることに苦労し、締め切り間際の提出になった。しかし、実践報告書を書くこと自体に意味があった。書いてみてよくわかった。自分の実践が整理され、今後の課題が見えてきたのだ。

研修が終われば、宿題からは解放される。しかし、解放されれば、自分の実践を振り返る機会がなくなってしまうのではないか。自分で振り返ればいいが、宿題という縛りがなくなってもできるだろうか……。小柴は、そんな心配をしていた。

最終日の振り返りが行われた。全員が向き合うように座った。半年間、一緒に学んできた仲間だった。この半年間で、同じ目的に向かって、お互いに支え合い、育て合うという一体感が生まれた。みな、「ここには自分の居場所があった」と振り返っていた。

「みなさん、半年間、お疲れさまでした。みなさんのお話を聴いていると、この研修で、よいスーパービジョン体験をされたことがよくわかりした。それが、みなさんの職場でのスーパービジョンにつながっているようですね。私の仮説が実証されたような気がしました。福祉人材研修センター主催の研修は、今日で終わります。でも、みなさんの振り返りを聴いていると、これで終わってはもったいないような気がしました。どうでしょう、今後、自主的にこのメンバーで集まって勉強会をしませんか？」

草加は提案した。

「賛成です！」

小柴は、思わず反応してしまった。恥ずかしくて顔がほてったが、ほかの受講者も、それを望んでいるような表情をしていた。

「でも、草加先生の……」

ほかの受講者が言いかけた。

「私の講師料ですか？　それは心配していただかなくても結構です。みなさんと同じように、ここには、私の居場所もありました。これからも居場所がほしいので、みなさんの仲間として参加させてください」

草加は、講師料の心配があることを心得ていて、安心させてくれた。自主勉強会をすることについては、誰も異存がなかった。

「もう主催者である福祉人材研修センターの手を離れますので、自主勉強会をしようと思うと、世話役が必要になります。つまり幹事ですね。どなたか幹事をしていただけませんか？」

草加は、そう言いながら、小柴を見ていた。

「……」

小柴は、草加に射すくめられたように、黙って手を上げた。

「小柴さん、やっていただけるんですね。さっき威勢よく返事をされましたものね」

小柴は、赤くなりながら、うなずいた。こうして、小柴が幹事を務め、二～三か月に一回、スーパーバイザー養成研修の修了者は、自主勉強会をすることになった。一回目の自主勉強会は、三月二〇日に行われることが決まった。

本沢が悶々としていたことに気づいてやることができなかったこと、人間の生死に関わる心の痛みをどうすればいいのかということ、それに、本沢の話を聴いて何も言えなくなり、自己覚知についてのまとめができなくなったこと……ステップアップ研究会の報告会が終わり、小柴は、落ち込み、考え込んでいた。

自主勉強会の幹事として、草加とメールで連絡を取り合っていたが、それとなく、ステップアップ研究会の報告会でのできごとについて相談してみた。すると、「三月二〇日の自主勉強会で、『自己覚知』をテーマに、私が少し話をし、それをもとに、みなさんで意見交換をしてはいかがでしょうか。実は、五日間の研修では、あまり深く触れることができなかったので、気になっていたのです」と返事が返ってきた。小柴は、草加の提案どおり、自己覚知についての学習をプログラムに組み込むことにした。

「三か月ぶりですね。お元気でしたか？」

近況報告する草加の陽気な笑顔は、相変わらず、みなに安心感をもたらした。

自主勉強会の前半は、全員の近況報告のあと、仲間の一人からスーパービジョンの実践報告があった。後半は、予定どおり、草加から自己覚知についての講義があり、意見交換が行われた。

「自己」とは「われ、おのれ、自分、その人自身」を意味し、「覚知」とは「悟り知ること」を意味している。自己覚知を辞書的に示すと、「自分自身のことを悟り知ること」になる。ただし、援助者にとっては、自分自身のことを悟り知るだけでは、何の役にも立たない。自分自身のことを悟り知った上で、どうするのかということが問われてくる。

辞書的な意味から発展させると、対人援助における援助者の自己覚知とは、「当事者に抱く感情を自分自身で理解し、援助の目的に沿ってそれをコントロールすること」だと、草加は端的に整理した。

人は誰でも、価値観やそれに基づく感情をもっている。草加が何度となく説明してきたことだ。その価値観は、もはや逃れることのできない過去の人生によって培われたものである。その人生というのは、直接出会う人々や、所属した集団や組織によって左右されるが、決してそれだけではない。

直接的に何かを与えられたわけではないが、自分自身が生きてきた時代背景、暮らしてきた地域や国の政治、経済、文化的状況などにも左右される。つまり、年齢が違う、育った地域や国が違うだけでも、価値観は違うのである。

それらの違いから、無意識のうちに、自分とは違う相手に対して何らかの感情を抱き、何らかの判断をする。自己覚知の入口は、その感情に気づくことである。そして、それがどこからきているのかを探るために入口からさらに歩みを進める。それは、自分の人生を振り返り、自分を理解するということになる。さらに、自分自身の感情や価値観を脇に置き、相手の感情や価値観を見ようとする。これが「感情をコントロールする」ということである。対人援助における援助者の自己覚知は、以上のような一連の流れをたどるという。

草加の説明は、今までの復習だったが、小柴は、改めて理解できたような気がした。

感情や価値観を脇に置くということは、今まで気づかないうちに自分の拠り所にしていた世界を手放すということになり、それこそ不安に陥る。拠り所にしていた世界というのは、自分の感情や価値観、感じ方や判断の基盤である。基盤がなくなれば、当然、相手の世界に自分が巻き込まれてしまうのではないかという不安に襲われる。だからこそ、自分の世界を守りたくなる。しかし、手放さないことには、相手の世界に入ることはできない。

「拠り所にしていた世界」というのは、はじめて聞く言葉だった。

本沢が、一方的に関係を切ってはいけないという信念をもっていたことも、江藤が、コンプレックスを克服するために、後輩たちの劣っているところを探していたということも、彼女たちの拠り所だったのかもしれない。それに、柳田も島田も須藤も宮本も、自分が拠り所としていた世界とは違う世界に接して、不安になったのだ。本沢や江藤のように大きすぎる痛みを感じたことはないが、小柴自身にも思い当たることはたくさんあった。

だからこそ、自己覚知を深めるには、不安や痛みを感じても、それを気兼ねなく表現できるような居場所、すなわちスーパービジョン関係が必要だと草加は続けた。

対人援助において、援助者は、当事者に映る自分の姿をとおして、自分の感情や価値観に気づき、脇に置く。そして、自分とは違う当事者の感情や価値観を見る。さらに、見た結果を自分にフィードバックし、自分自身を見直していく。

たとえば、相手が、不安や怒りの表情を示すとする。その表情は、自分の言葉や態度に対する反応である。その反応を見て、相手に影響を与えた自分の言葉や態度のもとになる感情、さらにはそのもとになる価値観に気づき、脇に置く。すると、相手は、不安や怒りの表情を示さなくなる。その様子から、相手は、自分とはまったく違う感情や価値観をもっていることを知る。そして、相手の感情や価値観そのものに関心をもち、相手の側に立っていろいろと聴いてみる。その結果から、自分は、どうすれば相手とよい関係を築くことができるのかを考えてみる。

この一連の流れを可能にするためには、スーパービジョン関係を通して「予行演習」をすることが必要である。

（そうか……スーパービジョンは予行演習の場なんだ）

小柴は、新しい発見をしたような気がした。島田が柳田に話を聴いてもらって、陰口を叩いていた須藤や宮本との関係を取りもどしたのも、江藤が谷口に話を聴いてもらって、本沢との関係を取りもどしたのも、予行演習をしていたのかもしれない。そして、自己覚知の一連の流れをたどり、自分自身を見直すことができたのだ。島田にしても江藤にしても、相手は利用者や家族といった当事者ではないが、相手が職員でも同じことである。

（柳田さんや谷口課長に負けてられない……）

小柴は、そう思い、やる気が湧いてきた。

草加の講義は、三〇分ほどで終わった。小柴は、もっと聴きたかったが、今回はあくまでも自主勉強会である。草加に頼ってばかりはいられない。仲間の一人が司会をし、参加者全員で意見交換が行われた。

「自己覚知の大切さと難しさが、改めて理解できました」

みな一様に感じたことだった。しかし、なかなかうまくいかないという意見が多く出た。

「職員に対して、自己覚知という言葉はずいぶん使ってきましたが、自分を知るという入口部分だけで終わってしまって、感情をコントロールするところには至っていないような気がします」

「感情や価値観を不用意に指摘してしまって、その職員を落ち込ませてしまいました。その後うまくフォローできなくて、もしかしたら、私は恨まれているかもしれません。ですから、私自身落ち込んでいます」

「ある職員は、当事者やほかの職員に対する愚痴は言うのですが、相手の悪いところを指摘するばかりで、なぜそのような愚痴を言いたくなるのかという自分の世界をまったく語ってくれません。私に、それを引き出す力量がないのだと思います」

いろいろな意見が出てきた。

「みなさんのお話を聴いて感じたのですが、一人で自分を知ろうとすると、痛みばかり感じてつらいと思います。でも、私だったら、相手を信頼していないと伝えられません。それに、もし伝えてもわかってもらえないと感じたら、自分を省みるのもいやになってしまいます」

小柴の意見には、みなハッとした。自己覚知を促す前に、信頼関係が必要だという根本的なことに改めて気づいたのである。

「そうですね、私もそう思います。この自主勉強会のメンバーなら、一緒に勉強を続けてきて、誰も自分のことを非難しないということを知っていますし、仲間だという安心感があります。ですから、自分のことを伝えることができますが、職場に帰ったら、痛みを感じることが怖くて、ほかの職員に伝えられないかもしれません」

自分の職場では、まだまだ信頼関係ができていないと感じている人も多いようだった。

小柴は、三階フロア職員の人間関係を振り返っていた。一年前とはずいぶん違うような気がする。自分が、施設長の森本の指示でスーパーバイザー養成研修を受けたこと、新人の本沢が就職したこと、ずいぶん人間関係のトラブルが起こったこと、そのつど、職員の話をよく聴き対処したこと、ステップアップ研究会がはじまったこと、介護支援課長の谷口が職場復帰したこと、谷口が積極的に動いてくれたこと、ユニットリーダーの柳田がずいぶん成長したこと、そして、先日のステップアップ研究会の報告会でのこと……こうした一連のできごとをとおして、ずいぶん職員の人間関係がうまく深まったような気がする。少しは信頼関係もできてきたような気がする。しかし、また、何かをきっかけに人間関係は崩れるかもしれない。人間関係は日々移り変わっているのである。それに、本沢が予感した心の痛みの軽減という大きな課題が残っていた。今後、本沢にもほかの職員にももっと大きな心の痛みが生じるかもしれない。

自主勉強会は、もう終わりの時間が近づいていた。司会者は、草加にコメントを求めた。

「今日は、改めて自己覚知の大切さと難しさについて考えられたようですね。自己覚知の前に、それぞれの職場での職員同士の信頼関係が必要ですし、その基盤づくりもたいへんなようです。一方、この自主勉強会は、かなり安定した信頼関係ができているようです。強い絆を感じます。安心して心の内を話すことができますものね。二～三か月に一回、この勉強会は開かれることになりましたし、職場での困難を解決する予行演習の場にされたらいいと思います。私は、それがうまくいくようにこれからも精一杯協力しますので、仲間の一人として参加させてくださいね」

草加は、これからも参加してくれるという。また、自主勉強会の開催に安心を与えてくれた。みな、参加への動機付けがさらに高まり、よい表情をしていた。

翌朝、小柴は、早く出勤し、公園を散歩してみた。桜のつぼみが膨らんでいる。あと一週間もすれば、咲きはじめるのかもしれない。

小柴は、五〇本ほどの桜が満開に咲き誇る様子を思い浮かべていた。地元の人たちを中心に多くの花見客が訪れる。屋台は出ないので、観光名所のような派手さはないが、弁当もちの花見客があちこちで小さな宴会をしている。週末には、N園のお年寄りも家族と連れだってよく散歩をしている。

小柴は、ベンチに座ってみた。何を考えるともなく、桜のつぼみを眺めていた。

「信頼関係か……」

何気なく一人でその言葉を口にしたとたん、ステップアップ研究会の報告会での本沢の姿を思い出した。

（本沢さんは、利用者の『死』をめぐる気持ちについて、今まで誰にも相談していなかった。そうだ、本沢さんが、心の痛みを予感したときに、誰かに相談できたらよかったんだ……どうしてこんな当たり前のことに気づかなかったのか。森本施設長は、『これからの課題が見えてきた』と言っていたじゃないか……）

ステップアップ研究会の報告会のとき、人の生と死という重い命題が立ちはだかり、小柴の頭は混乱していた。N園では、毎年のように一〇人近くの利用者が亡くなる。ほかの利用者に、確かに『〇〇さんが亡くなった』という事実は伝えるが、それ以上の話は、暗黙の了解としてタブー視されていた。しかし、それはただ、亡くなった人のプライバシーを守り、ほかの利用者の混乱を避けるための方策であったはずだ。

たまたま本沢は、人一倍感受性が強く、自己覚知の研究をしていたこともあって、心の痛みを予感した。しかし、どの職員も人の子である。多かれ少なかれ誰にでも生じる心の痛みなのである。これからも同じような痛みを感じる職員が現れないとも限らない。そんなとき、タブー視されている、されていないにかかわらず、相談し合える信頼関係が必要である。

（タブー視されていたため、誰にも相談できなかったということは、本当の信頼関係ができていないためではないのか）

そう思った小柴は、胸のつかえが、スーッと引いていくのを感じた。これからしなければいけないことがはっきり見えてきた。無意識のうちにベンチから立ち上がり、N園の玄関に向かって早足に歩いていた。

「ご長寿池」では、一匹のフナが跳ねた。ピチャッという音とともに小さな波が立ち、徐々に大きく円状に広がった。ゆらゆらと広がる波は、柔らかな春の日差しに輝いていた。

おわりに

エピローグで草加先生が言っていた「スーパービジョン関係」とは、スーパービジョンをする人とされる人との関係のことです。職員が、みな仲間意識をもち、お互いにスーパービジョンをする(これを「ピアスーパービジョン」といいます)ことになれば、スーパービジョン関係は職員同士の関係ということになります。

対人援助は、当事者との援助関係をとおして行います。よい援助関係を築くことができなければ対人援助そのものが成り立ちません。その援助関係に直接影響を与えるのが、職員同士の関係であることは、本書のところどころで説明してきました。すると、職員同士の関係が、信頼に裏付けされたよい関係でなければ、自ずと対人援助が成り立たないということになります。

信頼関係……何ができたら信頼関係といえるのか、何ができなかったら信頼関係といえないのか、一概に規定することはできません。お互いに居場所を感じ、お互いに存在意義を感じ合う。それは、目に見えるものではなく、心で感じ合うものなのです。当事者への援助が成り立つためには、職員同士のこうした信頼関係が必要なのです。

ところで、グループワークという、集団の力を活用して一人ひとりのメンバーの成長を促す技術には、「葛藤解決の原則」というものがあります。集団には必ずトラブルが起こる。そして、メンバーの間には葛藤が生じる。その葛藤をメンバーの力で解決してこそ、集団のまとまりができ、より大きな力となって一人ひとりのメンバーの成長を促す。また、今後生じる葛藤を解決するための集団のエネルギーにもなるというものです。

葛藤解決の際に、本書のキーワードであった「聴くこと」と「自己覚知」がたいへん有効に作用します。本書で示してきたとおりです。小柴さんが、グループワークの専門技術を身につけていたかどうかはわかりませんが、「聴くこと」と「自己覚知」の大切さについては、スーパーバイザー養成研修で、自分の仕事と照らし合わせながら学びました。そして、模索しながらも「聴くこと」から試みました。

小柴さんの試みは、徐々にトラブルの渦中にあった職員の自己覚知をもたらし、何かと職員に大きな影響を与える介護支援課長の谷口さんを動かし、ユニットリーダーの柳田さんをはじめ若い職員の成長をもたらしました。その結果、職員集団としても成長しました。施設長の森本さんとしては、小柴さんに研修を受講するように仕向けたことは、予想以上の成果をもたらしたのではないでしょうか。

エピローグで、小柴さんが感じたように、「タブー視されていたため、誰にも相談できなかったということは、本当の信頼関係ができていないためではないのか」といった課題は残されています。しかし、N園の三階フロアでは、少なくとも、今後、たとえ職員同士のトラブルが起こっても、誰の支えもなく、大きな葛藤を感じながら燃え尽き、突然辞めていく職員は著しく減ることでしょう。

本書を出版するにあたり、多くの示唆をくださり、たいへんご尽力をいただいた創元社の松浦利彦さんに感謝いたします。

二〇一二年九月

著者

参考文献

- 『対人援助職の燃え尽きを防ぐ――個人・組織の専門性を高めるために』植田寿之著、創元社、二〇一〇年
- 『続・対人援助職の燃え尽きを防ぐ　発展編――仲間で支え、高め合うために』植田寿之著、創元社、二〇一一年
- 『ホームヘルパー養成研修講師用マニュアル』植田寿之・大西健二著、創元社、二〇〇二年
- 『援助関係論を目指して――坪上宏の世界（精神医学ソーシャルワーク叢書２）』坪上宏・谷中輝男・大野和男編、坪上宏著、やどかり出版、一九九八年
- 『ソーシャル・ケースワーク――対人援助の臨床福祉学』足立叡・佐藤俊一・平岡蕃編、中央法規出版、一九九六年

著者略歴

植田寿之（うえだ・としゆき）

一九六〇年、奈良県生まれ。同志社大学文学部社会学科社会福祉学専攻卒業後、社会福祉法人京都府社会福祉事業団心身障害者福祉センター（身体障害者療護施設・生活指導員）に勤務。その後、奈良県に就職。社会福祉法人奈良県社会福祉事業団に出向し、奈良県心身障害者リハビリテーションセンター（重度身体障害者更生援護施設・生活指導員）に勤務。一三年間の社会福祉現場経験後、同志社大学大学院文学研究科社会福祉学専攻博士課程（前期）に進学。修了後、皇學館大学社会福祉学部助手、梅花女子大学現代人間学部講師および准教授を経て、現在フリーで講演、研修講師、執筆等活動中。その他、社団法人日本社会福祉士会理事、奈良県社会福祉士会会長などを歴任。著書『対人援助職の燃え尽きを防ぐ』（創元社）、『対人援助のスーパービジョン』（中央法規出版）、共著書『ホームヘルパー養成研修講師用マニュアル』（創元社）、『ワーカーを育てるスーパービジョン』（中央法規出版）など。

〈ホームページ〉 http://www4.ocn.ne.jp/~tueda/

物語《ものがたり》で学《まな》ぶ対人《たいじん》援助《えんじょ》職場《しょくば》の人間関係《にんげんかんけい》
——自己覚知《じこかくち》から成長《せいちょう》へ

二〇一二年一一月二〇日 第一版第一刷発行

著　者　植田寿之
発行者　矢部敬一
発行所　株式会社 創元社
〈本　社〉〒五四一-〇〇四七
　大阪市中央区淡路町四-三-六
　電話（〇六）六二三一-九〇一〇㈹
〈東京支店〉〒一六二-〇八二五
　東京都新宿区神楽坂四-三　煉瓦塔ビル
　電話（〇三）三二六九-一〇五一㈹
〈ホームページ〉 http://www.sogensha.co.jp/

組版　はあどわあく　印刷　図書印刷

本書を無断で複写・複製することを禁じます。
乱丁・落丁本はお取り替えいたします。
定価はカバーに表示してあります。

ISBN978-4-422-32056-4 C0036

好評既刊

対人援助職の燃え尽きを防ぐ
――個人・組織の専門性を高めるために

植田寿之著

対人援助職で燃え尽き症候群に陥る人が増える中、その防止策として個人と組織の専門性を高めることを提案。高度な感情コントロールも含め、疲れや対人ストレス軽減をめざす。

1800円

続・対人援助職の燃え尽きを防ぐ　発展編
――仲間で支え、高め合うために

植田寿之著

対人援助職がチームで仕事をする際の摩擦や典型的トラブルを例示しながら、仲間で問題解決し高め合う具体的な方策を解説する。前著『対人援助職の燃え尽きを防ぐ』の発展編。

1800円

福祉医療用語辞典　第2版

宮原伸二監修

ケアマネジャーやホームヘルパー、介護施設職員など広く福祉の現場に関わる人と福祉職受験者のために編まれた医療用語辞典。分野別の構成で、約二〇〇〇の必要十分な用語を収録。

2400円

福祉カタカナ語辞典

大西健二著

福祉現場での実用に堪える約二八〇〇語を平易に解説して収録。福祉や保健・医療分野を学ぶ学生や社会福祉士、介護福祉士、ホームヘルパー養成研修などの受験者・受講者に最適。

2000円

ホームヘルパーと介護者のための医療サイン

宮原伸二著

在宅介護利用者の健康状態の異変にどう気づき、どう対応するかについて、声かけ、気づき、観察、対応などの段階別にチェックポイントを例示してわかりやすく図解した初の本。

1800円

〈価格には消費税は含まれていません〉